Simon Althelmig

Deutschlands Bildungslandschaft heute. Warum soziale Herkunft noch immer den Bildungserfolg bestimmt

Bibliografische Information der Deutschen Nationalbibliothek:

Die Deutsche Nationalbibliothek verzeichnet diese Publikation in der Deutschen Nationalbibliografie; detaillierte bibliografische Daten sind im Internet über http://dnb.d-nb.de abrufbar.

Impressum:

Copyright © Studylab

Ein Imprint der GRIN Verlag, Open Publishing GmbH

Druck und Bindung: Books on Demand GmbH, Norderstedt, Germany

Coverbild: GRIN | Freepik.com | Flaticon.com | ei8htz

Inhaltsverzeichnis

Abkürzungsverzeichnis

BMBF	Bundesministerium für Bildung und Forschung
BMFSFJ	Bundesministerium für Familie, Senioren, Frauen und Jugend
HISEI	Highest International Socio-Economic Index of Occupational Status Wert des höheren Elternteils
KMK	Kultusministerkonferenz
MINT	Zusammenfassende Bezeichnung von Unterrichts- und Studienfächern aus den Bereichen Mathematik, Informatik, Naturwissenschaft und Technik
OECD	(Organisation for Economic Cooperation and Development) dt. Organisation für wirtschaftliche Zusammenarbeit und Entwicklung
PISA	(Programme for International Assessment) dt. Programm zur internationalen Schülerbewertung
UNICEF	United Nations Children's Fund dt. Kinderhilfswerk der Vereinten Nationen
WiLMa	Web-integriertes Lehrveranstaltungs Management

1 Einleitung

Warum interessiert mich dieses Thema? Durch Zufall wurde ich auf das Buch von Marco Maurer „Du bleibst was du bist." aufmerksam. Der Journalist der Wochenzeitung „Die Zeit" stellt darin die These auf, dass bei uns in Deutschland die soziale Herkunft noch immer über den Lebensweg von Kindern entscheidet. Das Buch erinnerte mich an zahlreiche Situationen in meiner Kindheit und Jugend. Meine Mutter, selbst die Tochter eines Bergmannes und einer Arbeiterin, hatte studiert. Mein Großvater sorgte dafür, dass seine beiden Söhne und meine Mutter ihr Abitur machen konnten. Meine Mutter vergaß nie dies zu schätzen. Als junge Frau in den 1968ern erlebte sie die Bildungsoffensive sehr konkret. So machte sie uns immer bewusst, dass Bildung ein hohes Gut ist. „Mit Abitur könnt ihr selbst entscheiden, was ihr werden wollt: Gärtner oder Professor!", so ihre Worte. Viele Stellen in dem Buch von Marco Maurer erinnerten mich an Situationen in meiner Kindheit. Wenn wir zum Beispiel Misserfolge in der Schule hatten, dann waren nicht automatisch meine Geschwister und ich dafür verantwortlich, sondern meine Mutter schaute sich auch die Arbeitsleistung und Fähigkeiten der Lehrer an und lehnte sich dagegen auf. Meine jüngste Schwester sollte laut ihrer Klassenlehrerin zur Hauptschule, da sie eine Dyskalkulie hat. Meine Mutter ging daraufhin zum Direktor der Grundschule, bat um ein Gespräch und verkündete zusammengefasst: Entweder meine Tochter bekommt eine Empfehlung für die Realschule oder wir sehen uns vor der entsprechenden Abteilung bei der Bezirksregierung wieder. Meine Schwester bekam die Empfehlung, ging zur Realschule, machte später ihr Fachabitur und ist heute Fachlehrerin an einer Förderschule und hat mittlerweile den Beamtenstatus erhalten. Welchen Beruf hätte meine Schwester, wenn meine Mutter sich nicht so klar zur Wehr gesetzt hätte? Andere Kinder mit sogar noch besseren Zensuren aus dieser Klasse sind heute Hilfsarbeiter, Verkäufer oder ähnlich. Ihre Mütter und Väter hielten Bildung nicht für so bedeutsam. Ein spannendes Thema! Ausgelöst durch all diese Erfahrungen und Erinnerungen möchte ich der Frage nachgehen „Warum soziale Herkunft noch immer den Bildungserfolg in Deutschland im 21. Jahrhundert bestimmt."

„Jeder hat das Recht auf Bildung.", so beginnt der Artikel 26 der Allgemeinen Erklärung der Menschenrechte (Vereinte Nationen 1948). Dass dieses Recht in Deutschland allgemein anerkannt wird, lässt sich nicht leugnen. Tatsächlich klaffen Theorie und Praxis in den meisten Fällen weit auseinander. So kann belegt werden, dass die Zahl der sogenannten „Bildungsverlierer heute so groß ist, wie niemals zuvor." (Quenzel/Hurrelmann 2010, S. 12). Aus den Berichten der OECD geht hervor, dass Armut in Deutschland, im Vergleich zu den anderen OECD-Ländern, deutlich zugenommen hat (vgl. OECD 2008, S. 5). Besonders betroffen von dieser Armut sind Kinder und Jugendliche. Das physische und psychische Befinden in ihrer Kindheit trägt entscheidend dazu bei, wie sich ihr späteres Leben weiterentwickelt. In Bezug auf soziale Herkunft und Bildung, gehörte Deutschland im Jahr 2000 noch zu den am schlechtesten abschneidenden OECD-Ländern. Die Ergebnisse aus der PISA-Studie von 2012 zeigen auf, dass Deutschland der Chancengerechtigkeit in Teilbereichen besser nachkommt (vgl. OECD 2014, S. 93 – 109). Mittlerweile erreichen die Deutschen das OECD-Durchschnittsniveau. Eine Chancengleichheit bei der sozialen Herkunft und Bildung herzustellen, wie es in anderen OECD-Ländern der Fall ist, kann dem deutschen Bildungssystem ohne Umdenken nicht gelingen. Bildungsbewusstsein, interkulturelle Kompetenz und frühzeitige Förderung, sind wichtige gesellschaftliche Einflüsse. Auf diese muss eingegangen werden, damit Kinder und Jugendliche Bildungserfolge erzielen können, unabhängig von ihrer sozialen Herkunft. Um diesen Ansprüchen gerecht werden zu können, sind die Fähigkeiten und Qualifikationen der Lehrpersonen gefragt. Diese Fähigkeiten und Qualifikationen spielen eine wichtige Rolle bei der Wissensvermittlung. Aktuell wird es politisch angestrebt, dass Schüler immer häufiger in einem heterogenen Klassenverband zusammenkommen. Somit stellt sich die Frage, ob Lehrerpersonen ausreichend auf diese Situation vorbereitet sind. Im Zusammenhang dieser Arbeit schließt Heterogenität genauso die individuellen, psychosozialen oder kognitiven Bedingungen mit ein, wie die allgemein verständliche Auffassung von Heterogenität.

2 Sozialwissenschaftliche Betrachtung von Bildung und Bildungserfolg

In der Sozialwissenschaft spielt die Betrachtung von Bildung und Bildungserfolg eine immer größere Rolle. Dies basiert darauf, dass Bildung als Grundlage für die Leistungsfähigkeit der Gesellschaft anerkannt wird. Somit kann Bildung als entscheidender Rohstoff für die Zukunft eines Gemeinwesens betrachtet werden. Bildungserwerb beginnt in den Familien, wird in der Kindertageseinrichtung weitergeführt und geht über Vorschuleinrichtungen in die Schulen und Hochschulen über. Genauer betrachtet kann gesagt werden, dass, unter Berücksichtigung des geforderten lebenslangen Lernens, Bildung eigentlich nie endet. Somit erscheint es wichtig, im Folgenden Bildung und Bildungserfolg genauer zu beleuchten (vgl. Schlüter/Strohschneider 2009, S. 9 – 10).

2.1 Bildung und Bildungserfolg im Kontext der Herkunftsfamilie

Sozialwissenschaftliche Untersuchungen gehen davon aus, dass eine Verbindung zwischen der sozialen Herkunft und dem Bildungserfolg besteht. Kommunikation, Bildungsressourcen und Sprache sind ebenso von großer Bedeutung, wie die Intersubjektivität in der Familie (vgl. Heid 1988, S. 1 – 17). Alle Faktoren tragen erheblich zum Bildungserfolg bei und haben großen Einfluss auf die schulischen Leistungen. „Die Herkunftsfamilie ist der Lebensbereich, in dem erfahrungsnahe Bildungsinhalte vermittelt und angeeignet werden." (Becker 2010, S. 51). Schon das Hineingeborenwerden in eine bestimmte Herkunftsfamilie kann eine Chancenungleichheit erzeugen (vgl. Röhner et al. 2009, S. 153). Die Herkunftsfamilie entscheidet durch eigene Bildungsnähe oder -ferne, wie die Sozialisation des Kindes verläuft. Bildungseinrichtungen wie Kindertageseinrichtung oder Schule schaffen es nicht ausreichend, die Abhängigkeit von Bildung und Herkunft aufzulösen. Der jeweils erworbene Bildungsstand entscheidet in der Regel später darüber, ob man beruflich erfolgreich und sozial abgesichert ist, welches Ansehen man in der Gesellschaft genießt und wie selbstbestimmt jemand leben kann. Chancengleichheit kann erst dann gewährleistet werden, wenn kein Kind mehr einen erschwerten Zugang zu Bildung hat. Dieses Ziel kann nur erreicht werden, wenn Bildungserfolg nicht mehr von der sozialen Herkunft abhängig ist. Raymond Boudon vertritt die Theorie, dass es primäre und sekundäre Herkunftseffekte gibt, die die Bildung und den Bildungserfolg bedingen. So entstehen primäre Herkunftseffekte durch unterschiedliche Sozialisationsbedingungen wie Erziehung, Bildung als Wertevermittlung, das soziale Umfeld oder den Lebensstil der Herkunftsfamilie. Ebenso gehört die finanzielle Situation der Herkunftsfamilie zu diesem Bereich. Diese Faktoren bedingen die späteren schulischen Leistungen eines Kindes (vgl. Beckers et al. 2010, S. 144). Boudon stellt heraus, dass Entscheidungen innerhalb der Familie, in Bezug auf Bildung, den sekundären Herkunftseffekt bestimmen. Das unterschiedliche Bildungsniveau von Eltern beeinflusst den Bildungsweg und den sich daraus ergebenden Bildungserfolg der Kinder. So erwarten Eltern mit eigener Hochschulerfahrung in der Regel einen identischen Bildungsabschluss des Kindes. Eltern aus bildungsfernen Schichten halten „ein Hochschulstudium eher (für ein) unkalkulierbares Investitionsrisiko." (Möller 2015, S. 24). Die soziale Herkunft und das Verhalten des sekundären Herkunftseffektes sind mit entscheidend über den Bildungszugang und den möglichen Bildungserfolg des Kindes (vgl. Beckers et al. 2010, S. 148).

Ganz aktuell belegt die 17. Shell Jugendstudie „Jugend 2015", dass in Deutschland die soziale Herkunft noch immer einen großen Einfluss hat. „Zwar haben sich von 2002 bis 2015 die angestrebten oder erreichten Schulabschlüsse der Jugendlichen, deren Vater keinen oder einen einfachen Schulabschluss hat, verbessert [...], dennoch kommt es hierdurch nicht zu einer umfassenden Besserstellung der Jugendlichen aus bildungsfernen Elternhäusern." (Shell Deutschland 2015, S. 67 – 68). Dies begründet sich dadurch, dass sich der Anteil der Jugendlichen mit Abitur oder Hochschulreife vergrößert hat, deren Eltern eben dieses Bildungsniveau hatten (vgl. Shell Deutschland 2015, S. 68). Des Weiteren muss erwähnt werden, dass Eltern aus höheren Bildungsschichten ihren Kindern zusätzlichen Nachhilfeunterricht finanzieren können. Eine Entlastung für Kinder aus finanziell schwachen Familien schafft auch nicht das Paket „Bildung und Teilhabe". Die finanzielle Unterstützung ist sehr gering und setzt erst ein, wenn große Leistungsdefizite aufgetreten sind. Kinder finanziell abgesicherter Familien erhalten Nachhilfeunterricht häufig schon vorbeugend.

2.2 Bildung und Bildungserfolg im Elementarbereich

Forschungsergebnisse der Entwicklungspsychologie und Neurowissenschaft stellen die hohen Lernpotenziale von Kindern im Vorschulalter deutlich heraus. Festgestellt wird, dass die Bedingungen in Kindertageseinrichtungen eine entscheidende Rolle für den Bildungs- und Entwicklungsprozess der Kinder bis zur Einschulung spielen. Zwar haben Längsschnittuntersuchungen gezeigt, dass in Deutschland die Situation der Familien einen weitaus größeren Einfluss auf die Entwicklungs- und Bildungsprozesse als Kindertageseinrichtung und Schule haben, doch wurde belegt, dass eine gute frühkindliche Förderung die Bildungschancen und den Bildungserfolg der Kinder steigert. Festgestellt wurde insbesondere, dass für Kinder aus sozial schwierigen Familienverhältnissen der Kitabesuch besonders wichtig ist. Entscheidend hierfür ist jedoch die Qualität der pädagogischen Betreuung (vgl. Strehmel 2008, S. 8 – 13). In dem Kindergarten-PISA von 2004 wird für Deutschland eine bessere Förderung der Kinder unter drei Jahren gefordert. In diesem Bereich sind Verbesserungen eingetreten. Ein Kitaausbau für unter dreijährige Kinder erfolgte. Als weiterer Mangel wurde in dem Kindergarten-PISA die derzeitige Ausbildungsform der Erzieherinnen benannt. In fast allen europäischen Ländern erfolgt die Ausbildung der Erzieherinnen an Hochschulen, in Deutschland nur an Fachschulen. Weiterhin sind in deutschen Kindertageseinrichtungen immer noch viele Erzieherinnen tätig, die selbst nur über einen Hauptschulabschluss verfügen (vgl. OECD 2004, S. 37 – 38). Eine qualitativ schlechte frühkindliche Bildung verschärft die Chancenungleichheit. Gefordert wird daher für alle Kinder der Zugang zu einer guten frühkindlichen Bildung. Dies gelingt jedoch nur, wenn die Aus- und Fortbildung der pädagogischen Fachkräfte ausgebaut werden (vgl. Strehmel 2008, S. 8 – 13).

2.3 Chancengleichheit in der Bildung und im Bildungserfolg im Schulbereich

In dem Buch von Marco Maurer „Du bleibst was du bist.", zeigt der Journalist das Bild eines „zutiefst ungerechten Landes" auf (Maurer 2015, Klappentext). Seiner Meinung nach gilt in den heutigen Schulen wieder verstärkt das Vorurteil, dass soziale Herkunft und Intelligenz des Kindes sich bedingen. Lehrkräfte fördern nach seiner Ansicht, dass in den Schulen geprüft, zensiert und aussortiert wird (vgl. ebd.). Problematisch erscheint, dass es im deutschen Schulsystem nicht ausreichend gelingt, die Ungerechtigkeiten der sozialen Herkunft aufzufangen und zu beseitigen. In Deutschland werden herkunftsbedingte Bildungsungleichheiten durch eine frühe Aufteilung in verschiedene Schulsysteme noch verstärkt. Zwar gibt es in Deutschland inzwischen mehr Sekundar- und Gesamtschulen, jedoch spielen Realschulen und Gymnasien noch immer eine wesentliche Rolle. Kinder werden in Deutschland nach dem vierten bzw. dem sechsten Schuljahr auf verschiedene Schulen aufgeteilt. Diese lebensgeschichtlich frühe Aufteilung beeinflusst im internationalen Vergleich den Bildungserfolg der Kinder und Jugendlichen in Schulen. Auffällig ist, dass hierbei die frühe Einstufung der Schüler das zu erwartende Leistungspotenzial vorwegnimmt. So kann eine selbsterfüllende negative Prophezeiung der Leistungsstärke in Gang gesetzt werden. Bei Kindern aus bildungsfernen Schichten wird so Selbstvertrauen zerstört und häufig eine Verringerung der Lernmotivation in Gang gesetzt. Eltern aus höheren Bildungsschichten widersetzen sich eher den Schulempfehlungen der Lehrkräfte. Eltern mit eigenem niedrigen Bildungshintergrund akzeptieren die Empfehlungen der Autoritätsperson Lehrer (vgl. Quenzel/Hurrelmann 2010, S. 10). „So schicken beispielsweise Eltern aus sog. ‚bildungsfernen Schichten' ihre Kinder selbst mit guten Schulnoten seltener auf ein Gymnasium als Eltern mit höheren Bildungsabschlüssen." (Quenzel/Hurrelmann 2010, S.10). Nach Marco Maurer spricht das Mainzer Institut für Soziologie davon, dass Lehrer nicht wertfrei Empfehlungen für bestimmte Schulen aussprechen. Bewusst oder unbewusst sind ihre Empfehlungen angeblich schicht- und ethnienspezifisch. So wurde festgestellt, dass Kinder mit der gleichen Schulnote 2,0 aus bildungsnahen Elternhäusern von Lehrern mit 97-prozentiger Wahrscheinlichkeit eine Empfehlung fürs Gymnasium erhalten und nur 75 % der Kinder aus einer niedrigen Bildungsschicht. (vgl. Maurer 2015, S. 19). Diese Herkunftseffekte belegt die IGLU-Studie von 2006 (vgl. Bos et al. 2007, S. 226 –227). Hier wird deutlich, dass Schüler aus niedrigen Sozialschichten, bei gleichen Kompetenzen und Begabungen, geringere Aussichten haben, ein Gymnasium zu besuchen als Schüler aus höheren sozialen Schichten (vgl. Solga/Dombrowski 2009, S. 14). Die Gründe für diese Beobachtung lassen sich sowohl in den Schullaufbahnen der Eltern als auch in der Schulempfehlung der Lehrenden wiederfinden. Weiterhin spielen nach verschiedensten Untersuchungsergebnissen im Schulbereich die Vornamen der Kinder, bezogen auf die pädagogische Betreuung der Lehrkräfte, eine Rolle. So wurde festgestellt, dass Lehrkräfte Kinder mit den Namen Mandy, Justin, Chantal oder Kevin für weniger leistungsstark halten als Kinder mit Namen wie Simon, Lukas, Alexander, Maria oder Sofie (vgl. Zips 2012).

2.4 Zusammenfassung

Bildung und Bildungserfolg werden, im Rahmen sozialwissenschaftlicher Betrachtungen, stark von der Situation der Herkunftsfamilie geprägt. Weiterhin ist festzustellen, dass diese Bedingtheiten nicht ausreichend durch pädagogische Förderungen im Elementar- und Schulbereich ausgeglichen werden. Ein Jugendlicher mit Abitur kann entscheiden, ob er studiert oder Handwerker wird. Einem Jugendlichen mit Hauptschulabschluss wird diese Entscheidungsmöglichkeit verwehrt. Katja Urbatsch belegt in ihrem Buch „Ausgebremst – Warum das Recht auf Bildung nicht für alle gilt", dass Bildung und Bildungserfolg in Deutschland nicht chancengleich verteilt sind. Immer noch gehört Deutschland im OECD-Ranking zu den Schlusslichtern (vgl. Urbatsch 2011, S. 208 – 210).

3 Lebensrealitäten von Kindern in verschiedenen sozialen Kontexten im Hinblick auf Bildungserfolg und das schulische System

Beeinflussen Lebensrealitäten von Kindern in verschiedenen Kontexten ihren Entwicklungsweg? Viele Forschungen beschäftigen sich mit diesem Thema. Dabei ist leicht festzustellen, dass viele Faktoren dafür entscheidend sind. So gibt es Ungleichheiten beim Einkommen, Vermögen, bei den Wohnbedingungen, bei der Gesundheits- und Krankheitsversorgung usw. (vgl. Wehler 2013, S. 14). Eine US-amerikanische Studie hat festgestellt, dass dreijährige Kinder aus Akademikerfamilien über einen Wortschatz von 1.100 Wörtern verfügen. Der Wortschatz bei Kindern aus dem Arbeitermilieu umfasst rund 700 Wörter und bei Kindern aus armen Elternhäusern nur 520 Wörter (vgl. Maurer 2015, S. 185). Daher erscheint es wichtig, im Hinblick auf Bildungserfolg und das schulische System, die Lebensrealitäten von Kindern genauer zu beleuchten.

3.1 Standortbestimmung von Kindern aus sozial benachteiligten Familien

Förderung und elterliche Liebe sorgen unter anderem dafür, dass es Kindern in Deutschland gut geht. Jedoch kann von Chancengleichheit nicht die Rede sein, denn wie bereits im vorherigen Kapitel geschildert, entscheidet in der Regel der soziale Status der Herkunftsfamilie, unter welchen Bedingungen Kinder aufwachsen und leben. Hierzu belegt die UNICEF-Vergleichsstudie 2012, dass fast jedes elfte Kind in relativer Armut lebt (vgl. UNICEF 2012, S. 2). Hierbei hat UNICEF beobachtet, dass sozial benachteiligte Kinder vermehrt „in isolierten Wohnvierteln unter sich bleiben" (Bayerischer Rundfunk 2013). Somit ist eine Chancenungleichheit vorprogrammiert, da „gute Schulen und ausreichende soziale Unterstützung fehlen (ebd.). Eine neuere Studie, im Auftrag der Bertelsmann-Stiftung, hat ergeben, dass in Deutschland jedes fünfte Kind unter 15 Jahren armutsgefährdet ist. Dies bedeutet, dass Kinder unterhalb der Armutsgrenze aufwachsen. Dies sind 2,1 Millionen Kinder in Haushalten, die Hartz IV erhalten, 1,15 Millionen arme Kinder, die keine Unterstützung erhalten, obwohl Anspruch bestehen würde, und weitere 480.000 Kinder, die knapp über der Armutsgrenze leben (vgl. ZEIT ONLINE/dpa/fin 2015).

Der Soziologe Dr. Stephan Ellinger schreibt, dass Kinder, die aus sozial benachteiligten Familien stammen, „sich häufig in einem Teufelskreis der Armut – der sowohl äußerliche als auch innere Armut einbezieht –" (Ellinger 2013, S. 3) befinden. Weiterhin führt er auf, dass verschiedene soziologische und pädagogische Faktoren wie Einkommen, Reduzierung der Grundbedürfnisse, familiäre Belastungen, Einschränkungen der Elternfunktion, die soziale Benachteiligung bestimmen (vgl. ebd.). So finden wir in sozial benachteiligten Familien Kinder, die von Beginn an unter Armut leiden, Kinder, die von ihren Eltern vernachlässigt werden, Kinder, die von ihren Eltern nicht ausreichend gesundheitlich versorgt werden, Kinder, die, auf Grund dieser Umstände, von ihren Klassenkameraden ausgegrenzt und gemobbt werden, Kinder, die nicht gelernt haben, sich zu konzentrieren und im Unterricht stillzusitzen. Somit ist häufig ein Scheitern vom ersten Schultag an vorprogrammiert (vgl. Siggelkow/Büscher 2012, Klappentext). Marco Maurer bezeichnet diese Gesamtsituation in den sozial benachteiligten Familien mit folgendem Satz ketzerisch: „Das frühe Unglück – ungeliebt, ungefördert, ungebildet" (Maurer 2015, S. 185). Nimmt man trotzdem an, dass ein Großteil der Familien den Kindern Liebe entgegenbringt, so ist eine Standortbestimmung „ungefördert, ungebildet" schon entscheidend für den Bildungserfolg und die schulische Integration in das System. Interessant ist in diesem Zusammenhang, dass Reformen, die Kinder aus sozial benachteiligten Familien fördern, bei der politischen Elite keine Mehrheiten finden. Ein gutes Beispiel dafür ist der ehemalige Bürgermeister von Hamburg, Ole von Beust, der von sich selbst berichtet, dass er als Bürgermeister erstmals in Kontakt mit Menschen aus sozial schwachen Bereichen kam. Dies brachte ihn dazu, politisch zu fordern, für alle Hamburger Schüler das gemeinsame Lernen bis zur sechsten Klasse anzustreben. Die Reform scheiterte am Widerstand seiner Parteikollegen, also der bürgerlichen Schicht. Von Beust trat daraufhin zurück. Hier stellt sich die Frage: „Wollen gut etablierte Schichten den Aufstieg von Kindern mit weniger Chancen verhindern, um keine Konkurrenz für den eigenen Nachwuchs heranwachsen zu lassen?" (vgl. Maurer 2015, S. 231 – 246).

3.2 Standortbestimmung von Kindern aus Arbeiterfamilien und Familien mit Migrationshintergrund

Viele Kinder aus Arbeiterfamilien nach erfolgtem Schulabschluss führen häufig das gleiche Leben wie ihre Eltern. Sie absolvieren eine Ausbildung oder beginnen eine Lehre. Die wenigsten Kinder aus Arbeiterfamilien besuchen nach der zehnjährigen Schulpflicht eine Universität. Der Bildungstrichter 2009 der 20. Sozialerhebung des Deutschen Studentenwerkes zeigt auf, dass 23 % der Hochschulzugangsberechtigen aus Arbeiterfamilien stammen (vgl. Middendorff et al. 2013, S. 112). Dieses Untersuchungsergebnis lässt deutlich erkennen, dass für Kinder aus Arbeiterfamilien der Zugang zu einer universitären Ausbildung immer noch in Verbindung mit der sozialen Herkunft steht und in Deutschland ein Bildungsaufstieg, im Gegensatz zu anderen europäischen Ländern, schwierig zu erreichen ist (vgl. Zimmermann 2013, S. 6 – 7). Die Autorin und Gründerin der gemeinnützigen Initiative „arbeiterkind.de", Katja Urbatsch, berichtet über erlebte schulische und universitäre Erlebnisse aus ihrer Kindheit und stellt fest, dass es sehr schwer ist, die Schulform zu wechseln, die zuvor durch die Schullaufbahnempfehlung in der Grundschule ausgesprochen wurde. Wenn ein Schüler eine andere Schulform wählen möchte und damit die Entscheidung trifft, einen höheren Bildungsabschluss anzustreben, ist dies nur möglich, wenn viel Zeit und vor allem mentale Kraft investiert wird (vgl. Urbatsch 2011, S. 28 – 30).

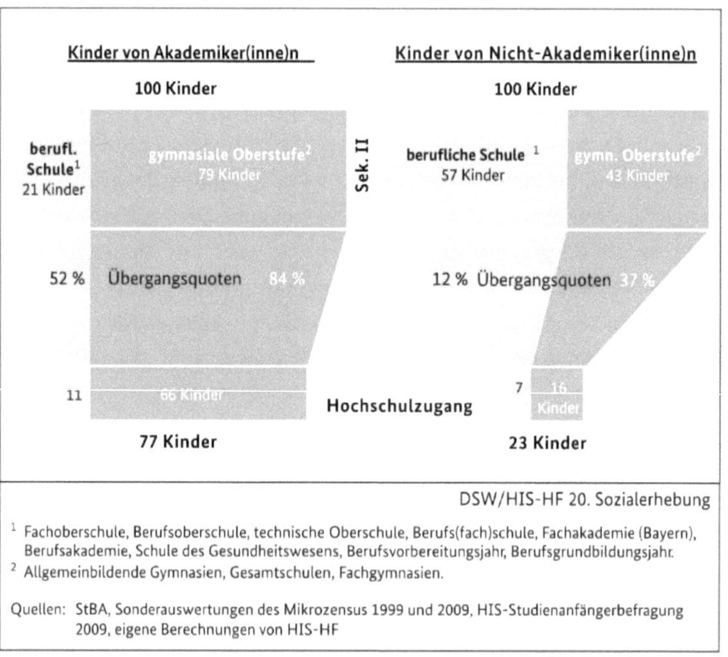

Abb. 1: Bildungstrichter 2009: Schematische Darstellung sozialer Selektion – Bildungsbeteiligung von Kindern nach Bildungsstatus im Elternhaus (Middendorff et al. 2013, S. 112)

In dem Dossier „Familien mit Migrationshintergrund: Analysen zur Lebenssituation, Erwerbsbeteiligung und Vereinbarkeit von Familie und Beruf" vom BMFSFJ wird angeführt, dass das Armutsrisiko in Familien mit Migrationshintergrund eine Armutsgefährdungsquote von 27 % hat. Somit ist die Gefährdung mehr als doppelt so groß wie bei Familien ohne Migrationshintergrund (13 %). Erschreckend ist, dass die Armutsgefährdung bei diesen Familien über dem Durchschnitt aller Familientypen in Deutschland liegt. Mit 36 % ist die Armutsgefährdung in türkischstämmigen Familien besonders hoch. Ganz extrem ist das Armutsrisiko bei alleinerziehenden Migrantinnen (60 %). Zum Vergleich: Bei allein Erziehenden ohne Migrationshintergrund beträgt diese Quote 35 %. Zusätzlich belasten Faktoren wie mangelnde Sprachkenntnisse, isoliertes Leben in der eigenen Ethnie oder körperlich anstrengende Berufstätigkeiten die Lebenssituation der Kinder aus Familien mit Migrationshintergrund (vgl. Henkel et al. 2014, S. 28 – 30). Die Beleuchtung der Arbeiterfamilien und der Familien mit Migrationshintergrund ergibt bei der Standortbestimmung eine eindeutige Schlechterstellung der letzteren Gruppe, dies beginnt schon im Kitaalter. Untersuchungen belegen, dass Kinder mit Migrationshintergrund viel länger in der Herkunftsfamilie betreut werden. Zu berücksichtigen ist hierbei besonders die wissenschaftliche Feststellung, dass bei „Kindern unter zwei Jahren (...) die neuronalen Strukturen des Gehirns angelegt und damit geprägt (werden): Wachsen die Kinder mit zu wenig oder zu oft wechselnden Bezugspersonen auf, werden nicht ausreichend neuronale Wachstumshormone gebildet." (Maurer 2015, S. 195). Trotzdem kann für beide Gruppen festgestellt werden, dass die Lebensrealitäten der Kinder in diesen sozialen Kontexten eindeutig schlechtere Startbedingungen für Bildungserfolge beinhalten und so negative Folgen für das schulische System haben.

3.3 Standortbestimmung von Kindern aus bildungsorientierten Familien

In bildungsorientierten Familien ist Bildung ein entscheidender Gegenstand der Elterninteressen.

> „Wenn alle Eltern so lautstark und gewichtig darauf bestehen würden, dass ihre Kinder das Abitur machen, wie es Akademiker auch dann tun, wenn ihre Sprösslinge nur sehr mäßige Schulleistungen aufzuweisen haben, dann wäre der vorzeitige Abgang (aus weiterführenden Schulen) bei allen Gruppen so gering, wie bei Kindern aus höheren Schichten." (Brake/Büchner 2012, S. 11)

Diese Beobachtung machte Ralf Dahrendorf bereits in den 1960er Jahren. Forschungen belegen, dass diese spezifische Interessenwahrnehmung der Gruppe der Akademikereltern sich bis heute kaum geändert hat. Somit nehmen bildungsorientierte Eltern eindeutig Einfluss auf die positive Bildungsentwicklung ihrer Kinder. Sie nehmen damit ihr Recht wahr, das eigentlich alle Eltern haben, konkurrierend zu den Entscheidungen der Schulvertreter, den Bildungsweg ihrer Kinder entscheidend mitzubestimmen (vgl. ebd.). An dieser Stelle möchte ich an meine Einleitung erinnern, in der ich schilderte, dass meine akademisch gebildete Mutter sich gegen den Schulleiter durchsetzte und somit meiner Schwester eine andere Schulkarriere möglich machte. Immer wieder gibt es in der Literatur Hinweise, dass bildungsorientierte Eltern politisch interessierte Eltern sind. Sie durchblicken hierarchische Systeme, kennen gesetzliche Mittel und können sich somit gegen Entscheidungsträger der Schulen zur Wehr setzen. Oftmals wird dies überhaupt nicht notwendig, da bildungsorientierte Eltern als gleichwertige Partner durch Lehrkräfte anerkannt werden, was eine positivere Beurteilung des Nachwuchses aus bildungsorientierten Familien nach sich zieht. Denken wir an den ehemaligen Hamburger Bürgermeister Ole von Beust, der sich von seinen konservativen Parteikollegen abgrenzt, indem er sagt, „Ich bin kein Konservativer, ich bin Christdemokrat." (Maurer 2015, S. 237). Von Beust selbst kommt aus einer bildungsorientierten Familie und hat die Bildungsnotwendigkeit anderer Kontexte nur durch den direkten Kontakt zu Hamburger Bürgern erfahren. Für seine gedankliche Neuorientierung der Veränderung des Schulsystems war sicherlich seine christliche Grundeinstellung von Bedeutung. Von Beusts Ansatz scheiterte unter anderem, weil wenig Wähler aus bildungsfernen Schichten ihr Abstimmungsrecht in Anspruch nahmen (vgl. ebd., S. 231 – 246). Die Süddeutsche Zeitung schrieb einmal: „Wer arbeitslos ist und wenig Geld hat, der bleibt bei den Wahlen daheim. Die Bundesrepublik entwickelt sich zu einer Demokratie der Besserverdienenden." (Maurer 2015, S. 77). Somit kann zur Standortbestimmung von Kindern aus bildungsorientierten Familien ein politisches Diskussionsthema innerhalb des sozialen Kontextes angenommen werden. Dies beweist auch die Aufsteigergeschichte des Zentralstellenleiters im Innenministerium Baden-Württembergs, Thomas Berger, der als Sohn eines Betriebselektrikers und einer Fabriknäherin geboren wurde. Berger beschreibt, dass sein Vater stundenlang politische Diskussionen auf dem Bildschirm des Fernsehers verfolgt hat. Er schildert: „Politik (...) war bei uns zu Hause wichtiger als Sport, [sic!] und Willy Brandt war für meinen Vater ein Held." (Maurer 2015, S. 76). Berger vertritt die Meinung, dass ein solch politisches Interesse heutzutage in bildungsfernen Schichten nicht mehr entscheidend vorgelebt wird und schließt daraus, dass somit in vielen Bereichen Bildungsorientierte in politischen Kreisen unter sich bleiben und aus ihren Einzugsbereichen die Entscheidungsträger für das Handeln im Bildungsbereich kommen. Somit sollte der Blick darauf gelenkt werden, ob Konkurrenz für Kinder aus bildungsorientierten Familien bewusst ferngehalten wird, damit weniger Gegenspieler für hochqualifizierte und gut bezahlte Berufssparten heranwachsen (vgl. Maurer 2015, S. 76 – 117). Interessant ist, dass Marco Maurer, nach dem Erscheinen seines Buches, von vielen Erwachsenen mit bildungsorientiertem Familienhintergrund angeschrieben wurde. Diese Erwachsenen teilten ihm mit, dass Akademikerkinder auf ähnliche Probleme stoßen, wie Kinder aus dem bildungsfernen Milieu. Dabei ist das Vorzeichen für die Problematik jedoch umgekehrt. Für diese Erwachsenen wurde der Lebensweg kompliziert, wenn sie ihren Akademikereltern eröffneten, dass sie zum Beispiel lieber Tischler, Gärtner, Altenpfleger oder Erzieherin werden möchten (vgl. Maurer 2015, S. 117 – 121). Insgesamt kann für diesen Bereich das Fazit gezogen werden, dass Kinder aus einem bildungsorientierten Elternhaus es leichter haben, schulische und berufliche Erfolge zu erzielen. Dies gilt auch, wenn sie schlechtere Schulleistungen vorweisen. Entscheidend für die Standortbestimmung der Kinder aus bildungsorientierten Familien ist, dass für kindliche Handlungs- und Gestaltungsspielräume das Fundament in der Herkunftsfamilie gelegt wird. Die Familie wird so zu einem Bildungsort, der eindeutig positiv auf den späteren Schulweg vorbereitet (vgl. Brake/Büchner 2012, S. 124 – 130).

3.4 Zwischenfazit

Die vorherigen Ausführungen belegen, dass eine Gerechtigkeit im Schulsystem, bezogen auf unterschiedliche soziale Herkunft, eindeutig nicht gegeben ist. Die Ursache dafür bedingt sich durch Erfahrungen, die vor der Einschulung manifestiert werden. Denn Bildungsungleichheiten beginnen nicht erst in der Schule. Schon vor der Einschulung legen Kinder eine entscheidende Wegstrecke zurück, die durch das familiäre Zusammenleben wichtige Grundsteine für den späteren Bildungsweg legt. Neben den Ungleichheiten im Bildungsort Familie, setzen sich die Ungleichheiten bei der unterschiedlichen Nutzung von vorschulischen Einrichtungen fort. Kinder aus sozial benachteiligen Familien besuchen nicht so häufig und nicht so lange die Kindertageseinrichtung, weiterhin wählen gut situierte Eltern bewusster eine Kindertageseinrichtung nach guten pädagogischen Gegebenheiten aus. Oftmals werden teurere private Betreuungsangebote genutzt, die ein besseres Angebot vorhalten. Hier sind neben der Einrichtung, den spielerischen Bildungsangeboten, eine bessere Ausbildung der Pädagogen zu nennen und ein besserer Betreuungsquotenschlüssel. Diese Ungleichheit setzt sich in der schulischen Laufbahn fort, da es ab der Primarstufe eine herkunftsbezogene Bildungsbenachteiligung gibt. Auch beim Übergang in die Sekundarstufe I, ist diese Benachteiligung zu finden. Wie vorab geschildert, spielt dabei das Signalverhalten der Eltern eine entscheidende Rolle. Eltern aus bildungsorientierten Schichten, die selbst häufig schon eine Akademikerausbildung haben, fordern konsequenter für ihre Kinder den Besuch des Gymnasiums und setzen ein späteres Studium für ihren Nachwuchs voraus. Auch beim Hochschulzugang und Hochschulstudium ist eine soziale Ungleichheit zu finden. Diese zieht Konsequenzen für den Studienverlauf nach sich. Allein die unterschiedliche finanzielle Ausstattung von Studenten, Studenten aus bildungsfernen Schichten müssen häufig neben dem Studium arbeiten, spielt dabei eine Rolle. Insgesamt kann das Zwischenfazit gezogen werden, dass die soziale Herkunft auf allen Ebenen eine entscheidende Rolle für den Bildungsverlauf spielt. Es zeigt sich mit drastischer Deutlichkeit, dass die vorgegebenen „Statusübergänge im Bildungssystem als zentrale Selektionsinstrumente im Bildungsverlauf wirksam werden." (Brake/Büchner 2012, S. 164). Viele empirische Untersuchungen haben bewiesen, dass soziale Ungerechtigkeiten bestehen, trotzdem werden die Grundlagen unterschiedlicher Bildungschancen und sozialer Ungerechtigkeit ins Abseits gedrängt und gleichzeitig wird suggeriert, dass die gesellschaftliche Vorherrschaft einer bestimmten bildungsorientierten Schicht legitim ist. Anna Brake und Peter Büchner stellen daher fest, dass hier

> „wahrscheinlich eine der zentralen Voraussetzungen dafür (liegt), dass trotz aller öffentlichen Klagen über die Ungerechtigkeit des Bildungssystems sich seit Jahrzehnten so wenig in Richtung einer Verminderung der sozialen Selektivität hat erreichen lassen." (ebd.) (vgl. Brake/Büchner 2012, S. 121 – 164).

4 Einfluss von Lehrerverhalten und Lehrerkompetenzen auf die Steigerung der Chancengleichheit von Kindern im Bildungssystem

Chancengleichheit und soziale Herkunft, kann nicht losgelöst von der Rolle des Lehrerverhaltens und der Lehrerkompetenzen betrachtet werden. Nimmt man die aktuelle Bildungsdebatte in den Blick, so werden besonders von der Politik die Strukturfragen und Organisationsprobleme des Komplexes Schule beleuchtet. Gleichzeitig gibt es einen ganz anderen Ansatz, der unter anderem von Michael Felten in seinem Buch „Auf die Lehrer kommt es an!" angesprochen wird. Hier wird das menschliche Verhältnis zwischen Lehrern und Schülern, also die pädagogische Beziehung, in den Mittelpunkt gerückt. Führungsfreude, Methodenklarheit, verbunden mit gleichzeitiger Einfühlsamkeit, können nach Felten eine positive Perspektive im Schulalltag eröffnen. Somit werden klar das Verhalten der Lehrer und ihre Kompetenzen in den Blick genommen. Entscheidend dabei ist weiterhin, dass Lehrer, die Felten „die Besten" nennt, auch Kinder aus sozial benachteiligten Schichten besonders berücksichtigen (vgl. Felten 2011, S. 11 – 21).

4.1 Pädagogische Herausforderungen bei Kindern mit sozialer Benachteiligung

Um pädagogische Herausforderungen bei Kindern mit sozialer Benachteiligung feststellen zu können, erscheint es wichtig, zuerst die wesentlichen Benachteiligungen zu benennen. Die Moderatorin der Tagesthemen Caren Miosga schreibt 2012, dass sie

> „immer wieder über Kinder berichten (muss), die mit knurrendem Magen aufwachen und ebenso hungrig einschlafen. Mädchen und Jungen, die möchten, dass sie geliebt werden, deren Eltern sich aber nicht einmal um das Nötigste kümmern." (Siggelkow/Büscher 2012, S. 11).

Weiterhin gibt es die Gruppe der Eltern, die ihre Kinder lieben, das Beste für diese möchten, aber nicht in der Lage sind, die Kinder entsprechend zu fördern. So entsteht häufig schon eine soziale Benachteiligung im Kindergartenalter durch mangelnde Förderung. Desgleichen spielt die Schulsituation mit der frühen Trennung der Kinder nach der vierten Klasse eine entscheidende Rolle, da sich in diesem Alter häufig die Fähigkeiten und Talente der Kinder noch nicht eindeutig zeigen. Dieser Aspekt der Chancenungleichheit ist schon lange Gegenstand der nationalen und internationalen Bildungsforschung. Das mehrgliedrige deutsche Schulsystem, das Schüler sehr früh auf unterschiedliche Schulformen aufteilt, wirkt sich nach Forschungsergebnissen negativ für eine auszubauende Chancengleichheit der Kinder aus. Hierbei spielt besonders die homogene Zusammensetzung der Schulklassen eine entscheidende Rolle. Kinder mit schlechten Bildungsvoraussetzungen bleiben auf der Strecke und die Effekte der Benachteiligung, schon bei der Geburt in eine bestimmte Herkunftsfamilie angelegt, werden verstärkt. Aktuell findet eine weitere Benachteiligungsform immer mehr Beachtung. Hier wird der regionale Kontext der Schulen benannt. Die Bildungsforschung beschäftigt sich einigen Bereichen verstärkt mit der Frage nach sozialräumlichen Bedingungen. Hier greift eine Segregation „als ungleiche Verteilung von sozialen Gruppen in der Stadt" (Baur 2013, S. 11). Verstärkt wird diese Situation noch durch eine Abwanderungsbewegung aus diesen Stadtteilen von Familien mit Bildungsanspruch vor der Einschulung der Kinder. Dies führt in Ballungsgebieten zu der bekannten Gettobildung an Schulen (vgl. ebd., S. 9 – 13). Lehrkräfte vermeiden nach Möglichkeit eine Versetzung an diese Schulen. Bestimmt werden diese Schulen mehrfach von Ethnorassismus und Schülern, die das Bewusstsein suggeriert bekommen, dass sie nicht nur arm sind an Wissen, sondern auch an sozialen Kompetenzen (vgl. Bude 2013, S. 7 – 12). Pädagogische Herausforderungen müssen somit verschiedene Bereiche in den Blick nehmen: Armut der Kinder, mangelnde Bildungsförderung durch das Elternhaus, frühe Selektion auf bestimmte Schulformen und Isolation bestimmter sozialer Schichten. Erwähnt werden muss in diesem Zusammenhang, dass Lehrerverhalten nicht immer wertfrei ist, sondern Kinder aus unteren sozialen Schichten oftmals nicht objektiv beurteilt und eingestuft werden. Dies wird noch dadurch gefördert, dass Eltern aus unteren sozialen Schichten häufig ohne Kritik Lehrerentscheidungen akzeptieren (vgl. ebd.). Diese vier bzw. fünf Faktoren sind nicht von den Kindern beeinflussbar. Immer wieder gibt es Meldungen über Aufsteigerkinder, betrachtet man deren Lebenslauf, so ist jedoch häufig festzustellen, dass bestimmte Faktoren ihren Weg positiv vorbereiteten und unterstützten. Armut, mangelnde Bildung der Eltern sind Bereiche, in denen politisches Handeln Verbesserung schaffen könnte. Frühe Schulformselektion und eine Lehrerausbildung, die großen Wert auf soziale Kompetenzen legt, sind ebenfalls durch die Politik zu fördern. Dies würde automatisch den Blick der Lehrer auf die wertfreie Beurteilung der Schüler öffnen. Andere Länder sind hier Vorreiter, wie die PISA-Studie von 2009 belegt. Hier liegt Deutschland beim Faktor „Soziale Herkunft und Kompetenzerwerb" unter dem OECD-Durchschnitt.

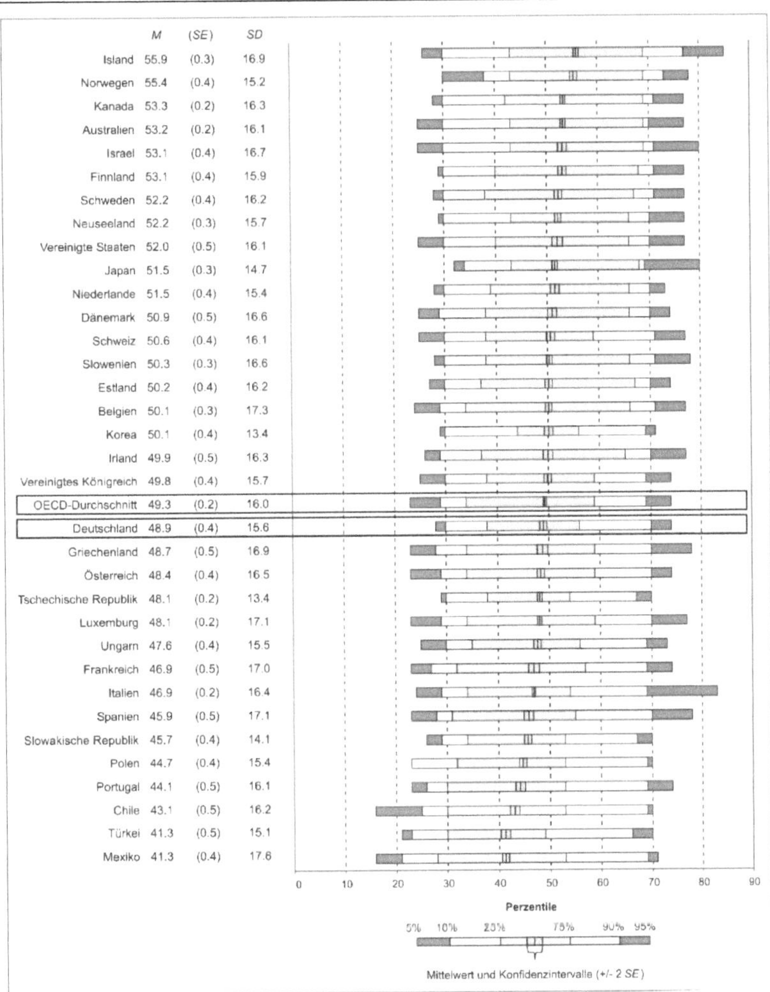

Abb. 2: Verteilung des sozioökonomischen Status (HISEI) in den OCED-Staaten
(Klieme et al. 2010, S. 235)

4.2 Anforderungen an die Lehrerausbildung zur Förderung von Chancengleichheit

Wie im vorangegangenen Kapitel benannt, liegt Deutschland beim Faktor „Soziale Herkunft und Kompetenzerwerb" unter dem OECD-Durchschnitt. Viele Studien belegen, dass die zentrale Herausforderung an ein Schulsystem zur Beseitigung dieses Mangels „die Rekrutierung sowie die fachlich und didaktisch exzellente Aus- und Weiterbildung von Lehrpersonal" ist (Klieme et al. 2010, S. 296). Hierbei spielt eine große Rolle, dass eine bessere Professionalität von Lehrkräften eine wesentliche Ressource zur Chancenverbesserung im Bildungssystem ist. Nur eine Qualitätsoffensive kann die Lehrerausbildung voranbringen. Deutlich wird auf vielen Ebenen, dass Lehrkräfte ein wichtiger Entscheidungsträger, wenn nicht der wichtigste, für Chancengleichheit von Kindern und Jugendlichen, unabhängig von ihrer sozialen Herkunft, sind. Auf Basis dieser Erkenntnisse ist es bedeutsam, Lehrkräfte schon an den Universitäten optimal auf ihren beruflichen Einsatz vorzubereiten. Grundsätzlich ist in den letzten Jahren schon erkannt worden, dass sich die Konzepte der Lehrerausbildung stark verändern müssen. Neben reiner Wissensbildung der Lehrkräfte, müssen weitere Fähigkeiten von Lehrkräften bei Studiumsaufnahme vorausgesetzt und weiter ausgebildet werden (vgl. Lin-Klitzing et al. 2015, S. 13 – 15). Nach Ulf Kieschke hängt die Qualität eines Lehrers zu einem bedeutenden Maß auch von den Voraussetzungen ab, mit denen ein junger Mensch in den Lehrerberuf startet. Deshalb rückt er die Feststellung von Eignungsmerkmalen bei zukünftigen Lehrern in den Mittelpunkt. Auf Basis von Expertenbefragungen und Arbeitsplatzanalysen wurde nach Kieschke festgestellt, dass in beiden Bereichen besonders drei Merkmale für einen erfolgreichen Start in den Lehrerstart entscheidend sind. Hier ist als erstes psychische Widerstandsfähigkeit zu nennen. In der Schule begegnet eine Lehrkraft unterschiedlichen Situationen und einer Reizfülle. Viele Konflikte müssen gelöst werden, eine Ereignisdichte ist vorhanden, Lautstärke, Problembelastung einiger Schüler und vieles mehr wird zum Schulalltag gehören. Wer psychisch nicht widerstandsfähig ist und einer Daueranspannung entgegenwirken kann, wird in solchen Situationen schneller scheitern. Ein weiterer entscheidender Faktor ist nach Kieschke die Motivation und die Berufseinstellung bei der Entscheidung zum Lehramtsstudium. Grundsätzlich, so Kieschke, sollte die Entscheidung für den Lehrerberuf besonders reizvoll für Personen sein, die Freude an der Tätigkeit mit Kindern und Jugendlichen haben und diese bildungsmäßig fördern möchten. Kieschke begründet dies damit, dass klassische externe Verstärker wie leistungsabhängige Bezahlung und gute Aufstiegschancen im Lehrerberuf nicht durchgängig gegeben sind. Gleichzeitig stellt er fest, dass sich im Lehramtsstudium zu entscheidenden Prozentsätzen Kandidaten wiederfinden, die den Beruf aus Gründen wählen, die einem positiven Ausfüllen der späteren Tätigkeit widersprechen. Hier sind unter anderem folgende Entscheidungsgründe zu nennen: Berufswahl als Notlösung (Fehlen besserer Angebote), Fortsetzung von Familientradition (schon Vorfahren waren Lehrer), Angst vor stärkeren akademischen Herausforderungen (das Lehramtsstudium werde ich schon schaffen), fehlgeleitete Vorstellungen über die Intensität der Berufsausbildung (viel Freizeit und Ferien und Halbtagsjob) und sicherer Hafen der Verbeamtung. Drittens erwähnt Kieschke den Faktor „Sozialkommunikative Kompetenz". Hierbei ist entscheidend, dass eine Person, die das Lehramt anstrebt, soziale Sensibilität und die Bereitschaft mitbringt. Sie sollte die Kinder und Jugendlichen mit Rücksichtnahme und Verständnis betrachten und behandeln. Dies bedeutet unter anderem eine gute Antenne für die Situationen anderer Menschen zu haben, Freundlichkeit und Warmherzigkeit auszustrahlen, aber auch in sozial-kommunikativen Situationen, z.B. bei Streitgesprächen die Ruhe zu bewahren und Lösungen gemeinsam anzustreben (vgl. Lin-Klitzing et al., 2015, S. 23 – 35). Bernd Siggelkow und Wolfgang Büscher stellen die interessante Frage, warum viele Kinder in der Schule scheitern. Wird diese Situation auf dem Hintergrund der Ausführungen von Kieschke betrachtet, so stellt sich die Frage, inwieweit Lehrkräfte, die sich nicht für den Beruf eignen oder ungenügend auf den beruflichen Einsatz vorbereitet sind, an dieser Situation mitwirken (vgl. Siggelkow/Büscher 2012, S. 62). „Auf die Lehrperson kommt es an [...]" (vgl. Lin-Klitzing et al. 2015, Buchtitel). In vielen Ausführungen bestätigt sich diese Behauptung, in Bezug auf die Chancengleichheit von Kindern und Jugendlichen. Lehrkräfte können nur bei guter Selbstreflexion umfassende Situationen im Unterricht und Probleme bei der Begleitung von Kindern und Jugendlichen erkennen. Hier gilt es, den Unterricht nicht als eine Einbahnstraße zu sehen, sondern als stetigen Dialog zwischen Schülern und Lehrkräften. Weiterhin gilt es, ein Kind in seiner Gesamtheit zu erfassen und nicht frühzeitig von weiterreichenden Bildungsprozessen auszuschließen. Deshalb kann von guten Lehrkräften gefordert werden, dass sie Prozesse zur Förderung der Chancengleichheit als pädagogische Forderung an die Gesellschaft und Politik weitergeben. Ebenfalls ist festzustellen, dass Lehrkräfte überwiegend aus Familien mit einem hohen Bildungsstandard kommen. Zur Förderung der Chancengleichheit muss daher ein Lehrer über familiäre Bildungsgrenzen hinaus Kinder fördern und Möglichkeiten zur Überwindung der gesellschaftlich bedingten Lernhemmnisse finden. Zwar ist der Lehrer nicht allein für den Erfolg oder Misserfolg der Schüler verantwortlich, denn dieser selbst, sein Elternhaus, gesellschaftliche Bedingungen und die Schule als Institution, spielen eine wichtige Rolle. Die Vielzahl dieser Faktoren zeigt, wie stark der Verlauf einer Schulkarriere beeinflusst werden kann. Dennoch sagt Klaus Zierer und mit ihm andere Wissenschaftler, dass den Lehrkräften und ihren persönlichen Haltungen eine herausragende Rolle in dem Bildungsprozess von Kindern und Jugendlichen zukommt. Durch Lehrkräfte entscheidet sich nach Zierer letztlich die Motivation der Kinder im erlebten Unterricht. Er erwähnt, dass Scheitern auch möglich ist, wenn alle ihr Bestes geben. Allerdings erwähnt er, dass unterschiedlich arbeitende Wissenschaftler übereinstimmend die Kernaussage „Auf die Haltung der Lehrpersonen kommt es an." (Lin-Klitzing/DiFuccia/Stengl-Jörns (ebd., S. 125) für gerechtfertigt und wichtig halten (vgl. ebd., S. 117 – 125). An dieser Stelle sei ein Bezug auf Marco Maurer erlaubt, der in seinem Buch „Du bleibst was du bist" seinen ehemaligen Hauptschullehrer erwähnt, der frühzeitig die Bildungskarriere des bekannten Journalisten mit einem Satz beenden wollte: „Marco sollte auf der Hauptschule bleiben, Frau Maurer. Die Realschule ist nichts für ihn!" (Maurer 2015, S. 25). Die zaghaften Versuche der Mutter doch einen Realschulbesuch zu erreichen, erstickte der Lehrer im Keim mit dem Satz: „Das hat doch keinen Wert beim ihm, Frau Maurer." (ebd.). Frau Maurer schildert Jahre später, wie machtlos sie sich in dieser Situation fühlte. Ein Lehrer nach den Kriterien von Kieschke, würde mit hoher Wahrscheinlichkeit das Potenzial des kleinen Marco Maurers erkannt haben. Wissenschaftler stellen daher immer deutlicher die Frage, wie viele Kinder durch Fehleinschätzungen von Lehrkräften auf ihrem Weg zu guten Bildungsleistungen ausgebremst werden. Nach Maurer ist es die Aufgabe von Lehrkräften, in Kindern verborgene Talente und Begabungen aufzuspüren und zu fördern. Nur so kann Chancengleichheit, unabhängig von sozialer Herkunft, umgesetzt werden. Welche entscheidende Rolle dabei politische Entscheidungen spielen, wird an späterer Stelle behandelt (vgl. ebd., S. 22 – 31).

Spricht man von Ansprüchen an die Lehrerausbildung zur Förderung von Chancengleichheit, darf die Forderung nach diagnostischen Fähigkeiten von Lehrkräften nicht vernachlässigt werden. Von jedem Hausarzt erwartet man, dass er ein guter Diagnostiker ist, damit eine entsprechende zielgerichtete Therapie eingeleitet werden kann. In Bezug auf die Lehrerausbildung, wurde die Qualität der Diagnostik im Schulbereich durch das schlechte Abschneiden von Kindern und Jugendlichen bei internationalen Schulleistungsvergleichen in den Mittelpunkt gerückt. Hier fiel auf, dass die diagnostische Kompetenz von Lehrkräften gezielt betrachtet werden muss. Ingrid Hesse und Brigitte Latzko fordern in ihrem Buch „Diagnostik für Lehrkräfte" eindeutig einen Ausbau der diagnostischen Fähigkeiten im Lehrerberuf. Die nachfolgenden Schautafeln zeigen einige der wichtigen Forderungen zur Optimierung der Lehrerausbildung. Insgesamt zeigt sich hier ein wichtiger Ausbildungsbereich der pädagogischen Fähigkeiten von Lehrkräften, der entscheidend beeinflusst, ob Kinder und Jugendliche, trotz schwieriger sozialer Herkunft, die notwendige Unterstützung gegeben wird (vgl. Hesse/Latzko 2011, S. 9 – 30).

Abbildung 1.1:   Lernziele zur Ausbildung des Standards
„Diagnose und Intervention"

Zur Ausbildung des Standards *„Diagnose und Intervention"* muss gelernt werden,

1. zu diagnostizieren, welche Ursachen Misserfolg, Aggression, Ängste, Blockierungen etc. haben und entsprechend darauf zu reagieren.
2. den entwicklungspsychologischen Stand der Schülerinnen und Schüler in verschiedenen Bereichen (Intelligenz, Moral, soziales Verhalten usw.) zu diagnostizieren.
3. Nachahmungsprozesse unter den Schülerinnen und Schülern zu beobachten.
4. unterschiedliche Gefährdungen (z.B. Gewalt, Drogen, Selbstmord usw.) in jedem Alter, das unterrichtet wird, festzustellen und wirkungsvoll einzugreifen.
5. die Ablösung vom Elternhaus zu verstehen und auf unterschiedliche Ablösungsformen zu reagieren.
6. wie spezifische Lernschwierigkeiten diagnostiziert und behoben werden können.

(nach Oser 2001, S. 232)

Abbildung 1.2:   Lernziele zur Ausbildung des Standards *„Leistungsmessung"*

Zur Beherrschung des Standards *„Leistungsmessung"* muss gelernt werden,

1. unterschiedliche Methoden der Evaluation anwenden zu können.
2. den Fortschritt der Leistungen nach unterschiedlichen Kriterien und mit unterschiedlichen Instrumenten zu messen.
3. wie man schriftliche und mündliche Arbeiten unterschiedlich beurteilen kann.
4. wie die Schülerinnen und Schüler die Kriterien dessen, was gefordert ist, kennen lernen, um erfolgreich zu sein.
5. einen Lernbericht nach Kriterien zu verfassen und mit den Schülerinnen und Schülern bzw. mit den Eltern zu besprechen.

(nach Oser 2001, S. 237)

Abb. 3: Diese Abbildung zeigt, wie ausgewählte Standardgruppen in konkreten Kompetenzen entfaltet werden. (ebd., S. 22)

4.3 Bildungspolitische Konsequenzen für die Lehrerförderung

Unter Berücksichtigung des Faktors, dass viele Kinder durch Fehleinschätzungen von Lehrkräften auf ihrem Weg zu guten Bildungsleistungen ausgebremst werden, erscheinen bildungspolitische Konsequenzen für die Lehrerförderung unbedingt notwendig. Auch das BMBF hat mit der Schrift „Vom Hörsaal ins Klassen-

zimmer" von August 2015 die Aussage getroffen, dass Lehrer entscheidend für die
gute Bildung in Deutschland sind. Lehrer begleiten Kinder und Jugendliche auf
dem gesamten Bildungsweg und haben einen großen Anteil an dem Aufbau der
Persönlichkeit. Mit Blick auf die zurückliegenden Jahre muss genau untersucht
werden, was einen guten Lehrer ausmacht. Das Bundesministerium hat daher die
„Qualitätsoffensive Lehrerbildung" gestartet, die die Hochschulen bei begonnenen
Reformen unterstützen soll und die Aufgabe hat, neue möglich Wege der Lehrerbildung aufzuzeigen. Einkalkuliert werden muss bei diesen Planungen ebenfalls,
dass neue Anforderungen in den letzten Jahren auf den Lehrerberuf zugekommen
sind. Hier sind unter anderem Mehrsprachigkeit im Unterricht, die Integration
von Kindern und Jugendlichen mit Migrationshintergrund, Teilhabe und Inklusion
von Schülern mit Behinderungen und die neuen Anforderungen der digitalen Me-
dien zu nennen. Einen entscheidenden Praxisbezug bekamen Lehrkräfte in der
Vergangenheit fast ausschließlich im Referendariat, somit am Ende der Ausbildung. An dieser Stelle möchte die Qualitätsoffensive des Bundesministeriums eine
Änderung erreichen. Die Praxis des Schulalltags soll in die Hochschule geholt
werden und zwar mit so genannten „Lehr-Lern-Laboren". Hier wird konkret der
Arbeitsalltag mit Schülern trainiert. Bei diesen Planungen ist eine Gleichsetzung
oder zumindest eine starke Annäherung der Lehramtsabschlüsse in den einzelnen Bundesländern anzustreben. Da die Zuständigkeit für die allgemeine und
schulische Bildung bei den Bundesländern liegt, konnten nach Untersuchungen
des Bundesministeriums oftmals Verbesserungen oder die bundesweite Anerkennung von Studienleistungen und Abschlüssen nicht umgesetzt werden (vgl.
Bundesministerium für Bildung und Forschung 2015, S. 1 – 7). Im Rahmen des
Projektes „Monitor Lehrerbildung" wird deutlich herausgestellt, dass die Professionalität von Lehrkräften entscheidend von der Qualität der Ausbildung abhängt.
Zwei besondere Säulen werden genannt, die notwendig sind, um Lehrkräfte optimal auf die Herausforderungen des Berufes vorzubereiten. Hier geht es darum,
sich einerseits an den Anforderungen der Praxis zu orientieren (Professionsorien-
tierung) und andererseits muss der Aufbau und der Inhalt der Ausbildung wissenschaftlich ausgerichtet sein (Wissenschaftsbasierung). Um diese Qualitäts-
merkmale durchzusetzen, müssten die Ausbildungseinrichtungen die hohe gesellschaftliche Relevanz der Lehrerausbildung erkennen. Das Projekt „Monitor Lehrerbildung" hat jedoch festgestellt, dass dies bisher noch nicht gegeben ist (vgl.
Bertelsmann Stiftung et al. 2015, S. 1 – 3). So wird die Forderung aufgestellt, dass
die Lehrerausbildung an Universitäten „kein Fremdkörper oder Randphänomen
sein" (ebd., S. 3) darf. Die immer größer werdende Heterogenität der Schüler und

die Digitalisierung im Bereich von Bildung und Gesellschaft, dringen mehr und mehr in den Berufsalltag von Lehrkräften ein. Eine zeitgemäße Lehrerausbildung sollte diese Faktoren berücksichtigen und laufend reformiert werden. Damit dies, unter Berücksichtigung aller Bundesländer, geschieht, empfahl eine von der Kultusministerkonferenz beauftragte Kommission und der Wissenschaftsrat bereits um das Jahr 2000 herum (vgl. ebd., S. 2 – 3) „die Einrichtung koordinierender und integrierender sogenannter ‚Quer'-Strukturen an den Hochschulen" (Bertelsmann Stiftung et al. 2015, S. 3). Inzwischen gibt es diese Lehrerbildungszentren, auch „Schools of Educations" genannt, die sich an der Monitor-Lehrerausbildung beteiligen. Eine Stärkung dieses Projektes erscheint für die deutsche Lehrerausbildung wünschenswert, um den breit gefächerten Anforderungen im Beruf begegnen zu können. Die Ausführungen zu diesem Thema stammen aus dem Jahr 2015 und zeigen deutlich, dass noch viele Schritte zur Schaffung von Strukturen für eine professionelle Lehrerausbildung notwendig sind. Interessent wird dies durch die Studie „I wanted to be a good teacher…" – Zur Ausbildung von Lehrkräften in Deutschland von Jürgen Oelkers, die im Auftrag der Friedrich-Ebert-Stiftung durchgeführt wurde. Der Auftrag der Studie war, „Kernfragen der Aus- und Fortbildung von Lehrkräften in fünf Problembereichen zu diskutieren und Lösungen vorzuschlagen" (Oelkers 2009, S. 13). Somit wurden weitreichende bildungspolitische Konsequenzen für die Lehrerförderung durch die Studie benannt. Erstens ging es dabei um die juristischen und inhaltlichen Rahmenbedingungen für die Lehrerausbildung und die Auswirkung auf die Praxis. Weiterhin wurde die Leistungsfähigkeit der aktuellen angebotenen Studiengänge für Lehrkräfte überprüft. Besonders berücksichtigt wurde dabei der Stellenwert der Aus- und Fortbildung für den Lehrerberuf. Nicht außen vor ließ die Studie den dritten Faktor, das Ansehen von Lehrkräften in Gesellschaft und Politik. Untersucht wurde weiterhin das Selbstverständnis von Lehrkräften, die notwendigen Veränderungen des Selbstverständnisses, um den neuen Anfordcrungen an den Lehrerberuf gerecht werden zu können. Ganz wesentlich war bei der Studie der letzte Faktor, der sich mit der Frage beschäftigte, wie Reformprozesse so gesteuert werden können, dass sie Auswirkungen auf die Praxis haben können. Die Umsetzung dieser Fragen in der Praxis dauert immer noch an, obwohl diese Aspekte schon 2009 zur Bearbeitung empfohlen wurden. Eine aktuelle Kontaktaufnahme zum BMBF im Februar 2016 hat ergeben, dass die Qualitätsoffensive „Vom Hörsaal ins Klassenzimmer" zwar auf den Studien der Friedrich-Ebert-Stiftung basiert und sich an dem Projekt „Monitor Lehrerbildung" ausrichtet, aber noch keine ausreichenden Veränderungen aus der Praxis vorweisen kann. Somit sind zwar bildungspolitische Konsequenzen für die Lehrerbildung benannt, aber noch nicht zufriedenstellend umgesetzt. Es kann angenommen werden, dass hierbei die aufgesplitterte Zuständigkeit der Bundesländer ein großes Hemmnis darstellt. Aktuell vollzieht sich an Deutschlands Schulen zusätzlich ein Generationswechsel. So wird sich bis zum Schuljahr 2025/26 die Zahl der Lehrkräfte in den Fächern MINT-Fächern in Nordrhein-Westfalen halbiert haben. In anderen Bundesländern sieht es ähnlich aus. Die Anforderungen an eine Qualitätsoffensive zur deutschlandweiten Voranbringung der Lehrerausbildung haben somit höchste Priorität. Die einzelnen Bundesländer sind, unter Berücksichtigung dieser Faktoren, aufgefordert, sich anzunähern und nach bildungspolitisch gemeinsam ausgerichteten Lösungen zu suchen. Hier kann der Blick auf die Schulsituation in Finnland hilfreich sein, der im folgenden Kapitel behandelt wird (vgl. Bundesministerium für Bildung und Forschung 2015, S. 2 – 6).

4.4 Schulsituation in Finnland

Beim Vergleich verschiedener Informationsquellen über die Schulsituation in Finnland wird deutlich, dass nicht nur das Schulsystem in Finnland, sondern auch die finnische Bildungspolitik betrachtet werden muss. Verschiedene Quellen zeigen auf, dass der Erfolg der finnischen Schüler in den unterschiedlichen PISA-Studien nicht überwiegend auf die Maßnahmen an den Schulen, sondern auf das Grundverständnis von Bildung in Gesellschaft und Politik zurückzuführen ist. Schon in den 1960er Jahren wurde den Finnen sehr bewusst, dass sie als rohstoffarmes, hoch im Norden liegendes Land, eine ökonomische Chance im Wissensbereich, somit in der Produktion von Wissen, finden konnten. Auf Basis dieser Erkenntnis wurde beschlossen, dass jedes Kind optimal gefördert werden sollte, um am Wissenskapital des Landes teilhaben zu können. Der Sohn des Bauern in Lappland sollte dabei genauso gefördert werden, wie die Tochter des Professors in Helsinki. Entscheidend war für die guten Erfolge in diesem Bereich, die parteiübergreifende Einigung auf konkrete Bildungsziele. Egal welche Partei die Regierung führte, in der Bildungspolitik hieß das Ziel: „Chancengleichheit bei hoher Leistungsanforderung". Der Journalist Kerstan stellt in einem Interview für „Die Zeit" die Behauptung auf: „In Deutschland wird Leistung und Chancengleichheit von vielen als Gegensatz gesehen." (Kerstan 2008, S. 2). Die Autorin Dr. Anne Overesch antwortet darauf, dass dagegen in Finnland der „Grad der Chancengleichheit (daran gemessen wird), wie hoch das Leistungsniveau der (einzelnen) Schüler ist" (ebd.) (vgl. ebd.). Interessant ist, dass seit Veröffentlichung der PISA-

Studie im Jahr 2001, Finnland regelmäßig in den Top-Rängen aller PISA-Studien steht. Somit hat PISA auf Jahre hin das nordische Land in das Zentrum des Interesses gerückt. Andere Länder interessieren sich für die Erfolgsstrategie des Landes und auch deutsche Pädagogen reisten regelmäßig dorthin, um nach Antworten für ein übertragbares Erfolgsrezept zu suchen (vgl. Siggelkow/Büscher 2012, S. 141 – 152). Aus diesem Grund erscheint es angebracht, im Rahmen dieser Arbeit einen intensiven Blick auf die Schulsituation in Finnland zu richten, in der der pädagogische Alltag durch die Prämisse „Fördern statt auslesen" (Wernicke 2006, S. 2) geprägt ist. Jukka Sarja-la, der Bauherr des finnischen Bildungssystems und langjähriger Leiter des Zentralamtes für das Unterrichtswesen, machte immer wieder deutlich, dass das finnische Land jeden Schüler braucht, damit das Land in den Zeiten des technologischen Wandels Erfolg hat. Nach seinen Ausführungen soll kein Schüler benachteiligt oder ausgegrenzt werden. Diese Haltung hat in der heutigen Politik von Finnland immer noch Bestand (vgl. Wernicke 2006, S. 2).

4.4.1 Grundlagen der Bildungsgleichheit von Schülern in Finnland

Die Reformation des finnischen Bildungswesens in den 1960/70er Jahren hatte zum Ziel, eine Chancengleichheit im Bereich der Bildung für alle Schüler zu erreichen. Die Bildung der Kinder beginnt in Finnland schon vor dem Beginn des Schuleintritts. Im Kindergarten werden die Kinder nicht nur betreut, sondern zu einem großen Maß gebildet und gefördert. Betrachtet man die deutschen Kindertageseinrichtungen, so ist festzustellen, dass ein Großteil der älteren Erzieherinnen nur über einen Hauptschulabschluss verfügt (vgl. OECD 2004, S. 37 – 40). Erst in den letzten Jahren wurde zumindest als Ausbildungsvoraussetzung ein Fachabitur verlangt. In Finnland dagegen gibt es sogenannte Kindergartenlehrer, die ein Hochschulstudium vorweisen können und auf einem sehr hohen Niveau ausgebildet wurden. Mit sechs Jahren gibt es für finnische Kinder die Möglichkeit, eine Vorschule zu besuchen. Diese ist entweder dem Kindergarten oder der Grundschule angegliedert und ist freiwillig, wird aber dennoch von über neunzig Prozent der Kinder in diesem Alter genutzt. Die einzelnen Kommunen sind verpflichtet, jedem Kind einen Vorschulplatz zur Verfügung zu stellen (vgl. Siggelkow/Büscher 2012, S. 141 – 143). In diesen Vorschulen erfolgt das Lernen über Spiele, es werden aber auch Projekte durchgeführt, die am alltäglichen Leben der Kinder orientieren. Schon hier richten die Pädagogen ihren Blick gezielt auf das einzelne Kind und haben dessen Entwicklungsmöglichkeiten im Auge. In den Vorschulklassen werden vor allem die sprachlichen Fähigkeiten und das Sozialverhalten gefördert. Diese Kompetenzen stellen eine wesentliche Grundlage für spätere

Wesensvoraussetzungen im Leben dar. Bei Auswertungen dieses finnischen Systems, wurde besonders festgestellt, dass Kinder aus Familien mit Migrationshintergrund durch diese Vorschulangebote große Vorteile für das spätere Lernen erhielten (vgl. Wernicke 2006, S. 4).

Das Einschulungsalter für finnische Kinder liegt bei dem siebten Lebensjahr. In den 1990er Jahren diskutierte man in Finnland sehr kontrovers über eine Vorverlegung des Einschulalters, mit Blick auf andere europäische Staaten. Man hielt jedoch an dem alten Konzept fest und stellte die Frage in den Vordergrund, wie die Schuljahre noch besser genutzt werden könnten. Grund hierfür war die Einführung neuer Rahmenlehrpläne ab dem Schuljahr 2004/05. Diese Neuerung wurde von der finnischen Öffentlichkeit stark beachtet. „Was ist nun diese Gesamtschule?" Diese Schule hat in Finnland den Namen „peruskoulu". Das Wort kann besser mit dem deutschen Wort Grundschule übersetzt werden. Finnische Kinder besuchen diese Schule ab dem siebten Lebensjahr für neun Jahre. In diesen neun Jahren erfolgt keine Differenzierung der Leistung. Noten gibt es erst ab der siebten Klasse (vgl. Wernicke 2006, 2 – 5). Bis 1999 wurde die „peruskoulu" in sechs Unter- und drei Oberstufenklassen aufgeteilt. Seit dieser Zeit wird der Unterricht in den ersten sechs Jahren von Klassenlehrern durchgeführt und in den letzten drei Jahren von Fachlehrern (vgl. Matthies et al. 2009, S. 137– 139). Entgegen der Schulsituation in Deutschland, wird so eine frühere Trennung der Kinder nach Notenleistung nicht vorgenommen. Das finnische Bildungssystem geht davon aus, dass die frühe Aufteilung in unterschiedliche Schulformen, die sogenannten Spätstarter, benachteiligt. Nach den Erfahrungen in finnischen Schulen benötigen besonders Kinder aus sozial benachteiligten Familien mehr Förderung und eine längere Schulzeit, um ihre Fähigkeiten auszubauen. Somit lautet die Prämisse in Finnland „Fördern statt auslesen" (Wernicke 2006, S. 2). Dies bedeutet, dass der Schüler im Mittelpunkt steht. Er ist wichtig und der Unterricht somit zweitrangig. Hat ein Kind Lernprobleme, wird es nicht zurückgestellt, muss keine Klasse wiederholen und nicht auf eine andere Schule wechseln. Treten Probleme auf, setzen individuelle Förderung und pädagogische Ermutigung ein. Die Finnen sind davon überzeugt, dass es wichtig ist, kindliche Neugier und die Freude am Lernen nicht durch zu große Anforderungen auszubremsen. Auf dieser Basis erklärt sich die Notengebung ab der siebten Klasse. Das geförderte Sozialverhalten bedingt gegenseitige Hilfe in der Schülerschaft. Unter diesen Umständen wird ein weiterer Förderaspekt für benachteiligte Kinder initiiert: Schüler helfen Schülern. Dieses Projekt ist in Finnland durchgängig zu finden und nicht wie in Deutschland an einigen wenigen Schulen. Die Bildungsgleichheit in Finnland wird dadurch erreicht, dass durchgängig der einzelne Schüler von einer Lehrkraft in den Blick genommen wird. Dem Aspekt „Jedes Kind ist anders" wird durchgängig Rechnung getragen. Es wird anerkannt, dass jedes Kind einen anderen sozialen Hintergrund hat, dass seine Lerngeschwindigkeit individuell ist und sein Charakter die Lernsituation ebenfalls beeinflusst. Auch die Bedürfnisse des Kindes stehen in Finnland sehr stark im Vordergrund. Kinder mit Behinderungen, Kinder mit Lernschwächen, Kinder mit Verhaltensauffälligkeiten, Kinder mit Förderbedarf, Kinder mit Migrationshintergrund usw., werden von speziell ausgebildeten Lehrern begleitet, die mit hoher Kompetenz auf die Unterschiedlichkeiten der Kinder eingehen. Das finnische Motto lautet: „Kein Kind wird zurückgelassen!". Verweigert in Deutschland ein Schüler das Lernen und zeigt extreme Verhaltensauffälligkeiten, wechselt er in der Regel zu einer Förderschule für emotionale und soziale Entwicklung. Dies stellt in Deutschland eine extreme Form, wenn nicht die extremste Form, dar.

> „Der Bedarf besteht dann, wenn sich eine Schülerin oder ein Schüler der Erziehung so nachhaltig verschließt oder widersetzt, dass sie oder er im Unterricht nicht oder nicht hinreichend gefördert werden kann und die eigene Entwicklung oder die der Mitschülerinnen und Mitschüler erheblich gestört oder gefährdet ist." (Tresselt 2016).

In Finnland gibt es den Modellversuch, diese Kinder in einer zusätzlichen Klasse, an der normalen Gesamtschule, zu fördern. Diese Klasse nennt sich Beschäftigungsklasse. Hier können die Schüler neben dem normalen Unterricht auch Praktika in Betrieben absolvieren. Erreicht wird so, dass in vielen Fällen der Spaß am Lernen ansteigt und Zukunftsperspektiven erkannt werden. Dieses Modell befindet sich aktuell noch in der Anfangsphase, die Ergebnisse sind gut, so dass eine weitere Methode zur Ausgrenzungsverhinderung geschaffen wird (vgl. Siggelkow/Büscher 2012, S. 145 – 149). Die Begriffe Selektion, Ausgrenzung und Konkurrenz, haben in der finnischen Schulphilosophie keine Heimat. Die Lehrkräfte beobachten während der gesamten Schulzeit die Lernschritte der einzelnen Schüler. Besonders unterstützen sie die Ausbildung der Selbsteinschätzung. Laut Wernicke stellen diese Faktoren besondere Aspekte der Bildungsgleichheit dar (vgl. Wernicke 2006, S. 5). Nach den neun Jahren Gesamtschule wechseln rund sechzig Prozent auf ein Gymnasium, viele beginnen eine Ausbildung, die, wie das Gymnasium, drei Jahre dauert. Schon immer gab es in Finnland das durchlässige Bildungssystem in Finnland, das ermöglicht, auch mit einer Ausbildung zur Hochschule zu gelangen. In Deutschland ist dies inzwischen möglich. Hier gibt es Unterschiede zu den einzelnen Bundesländern. In Nordrhein-Westfalen ist dieser Studienzugang erst seit 2010 möglich (vgl. Ministerium für Inneres und Kommunales des Landes Nordrhein-Westfalen 2010). Dadurch erreichen rund achtzig Prozent eines Jahrganges in Finnland das Niveau einer Fachhochschule oder Universität. An diesem Ergebnis ist zu erkennen, dass die Chancengleichheit, trotz sozialer Herkunft, in Finnland sehr hoch ist (ebd.).

4.4.2 Ausbildung und Arbeitseinsatz von Lehrkräften und anderen Fachkräften in Schulen in Finnland

Die Lehrerausbildung hat in Finnland einen hohen Status. Sie findet in Finnland an elf Universitäten statt. Die Auswahl der Studenten erfolgt zu Beginn des Studiums. Nicht jeder darf in Finnland Lehrer werden. Wie im vorherigen Kapitel erwähnt, gibt es Lehrer für Kindertagesstätten. Diese müssen zumindest ein dreijähriges Bachelorstudium an einer Fachhochschule oder Universität vorweisen. Schreibt sich in Deutschland die überwiegende Mehrheit der angehenden Lehrkräfte ohne vorherigen Eignungstest an den Universitäten ein, schaffen es in Finnland nur rund zehn Prozent der Interessenten für ein Lehramtsstudium zugelassen zu werden. Nur ein guter Notendurchschnitt reicht in Finnland nicht aus, um Lehrer zu werden. Für den Wissensbereich gibt es eine Eignungsprüfung, besteht man diese, muss man in Finnland an einem Bewerbungsgespräch teilnehmen, bei dem überprüft wird, ob die Motivation für den Lehrerberuf ausreicht und ob die „richtige" Motivation vorliegt. In Finnland ist der Lehrberuf für viele junge Menschen ein Traumberuf, da er eine hohe gesellschaftliche Anerkennung hat. Seit dem Bolognaprozess wurde das Studium für Gesamtschullehrer in Finnland auf das Bachelor-Master-System umgestellt. Jeder studiert im Hauptfach Erziehungswissenschaften und kann daneben zwei weitere Fächer auswählen. Viele Primarstufenlehrer (Klasse 1 bis 7), bauen ihr Studium so aus, dass sie die Klassen 7 bis 9 unterrichten können. In der Regel studieren die angehenden Lehrkräfte in Finnland fünf Jahre, jedoch gehören praktische Lehrübungen zum Studium. Die Ausbildung der Fachlehrer ist in ihrer Grundform unterschiedlich, da sie in diesem Bereich überwiegend Fachdisziplinen studieren. Wichtig ist jedoch, dass auch besonders Pädagogik und Dialektik diesen Studienzweig bestimmen und somit eine zusätzliche Ausrichtung für eine interessant gestaltete und wertvolle Unterrichtsart fördern. Neben den Lehrkräften haben die anderen Mitarbeiter an Schulen ein hohes gesellschaftliches Ansehen. Die OECD geht davon aus, dass eine starke Korrelation zwischen der gesellschaftlichen Würdigung des Lehrerberufes und dem Erfolg der Schüler besteht (vgl. Fuhrmann/Beckmann-Dierkes 2011, S.

16 – 17). Professor Matti Meri von der Lehrerausbildungsuniversität in Helsinki hebt besonders hervor, dass der Ausbildungsinhalt für Lehrer in Finnland anders ist. Nach seinen Aussagen besuchen in Finnland alle Lehrer die Universität. Er führt aus, dass dies in Deutschland nicht unbedingt gegeben ist. Einen wesentlichen Unterschied sieht Professor Meri in der Ausbildung der Lehrkräfte in beiden Ländern. So führt er an, dass in Finnland das Ziel der Lehrerausbildung ein pädagogisch denkender Mensch ist. In seinen Ausführungen weist er darauf hin, dass in fast allen mitteleuropäischen Ländern die Struktur der Lehrerausbildung durch Prozesse des Lehrens und Lernens in Form von Modellen strukturiert werden kann. Fast mechanisch erfolgt darauf die Ausbildungsstruktur. Bezogen darauf hebt Meri hervor, dass in Finnland denkende, forschende, bewusst handelnde Lehrer gewünscht sind, die kein Handbuch brauchen, um den Anforderungen der Praxis gewachsen zu sein. Weiter führt er aus, dass die Erziehungswissenschaft in der Ausbildung finnischer Lehrer immer wichtiger wird. Interessant ist, dass finnische Lehramtsstudenten seit 1998 das Fach Entwicklungspsychologie als Hauptfach wählen können. Aus der Gruppe der ersten Studenten im Fach Entwicklungspsychologie, bildete sich eine Gruppe des Lehrerausbildungsinstitutes, die in der Praxis ihr Studium selbst geplant haben. Die aktuellen Examensanforderungen für Lehrkräfte in Finnland basieren auf den dort erarbeiteten Vorschlägen. Kerninhalt ist, dass Studenten ihr Studium selbst planen und dadurch ein höheres Engagement erreichen. Ein Mitglied der Gruppe, Katri Hilpinen, betont, dass es für Studenten wichtig ist, mit anderen zu kooperieren. Sie führt aus, dass Studenten so verstärkt lernen, selbst zu denken und sich für ihr Studium verantwortlich zu fühlen. Riikka Lindeman, die ebenfalls in der Gruppe gearbeitet hat, führt aus, dass es für angehende Klassenlehrer wichtig, ihr eigenes Studium zu strukturieren, da sie in Zukunft befähigt sein müssen, Hunderte von Schülern zu unterrichten. In der Gruppe wurde noch einmal verdeutlicht, dass Kinder in ihrer Persönlichkeitsentwicklung und in ihren Lernerfolgen stark davon beeinflusst werden, welche Akzente der Lehrer setzt. So ist es für Lehrkräfte wichtig, bewusst zu haben, welche Wirkung ihr Verhalten ausübt und welches Weltbild sie transportieren. Festgestellt wurde weiterhin, dass im finnischen Schulsystem aktuell das Hauptaugenmerk auf Vermittlung von theoretischem Wissen liegt. Jedoch wird es in Zukunft nach den Erkenntnissen von Professor Meri und seinen Studenten immer wichtiger zu beachten, dass Wissenskenntnisse sich ändern können und veralten. Daher wird in den Studiengängen in Finnland hervorgehoben, dass Kinder zum Aufbau ihrer Persönlichkeit die wichtigsten Grundsätze der Menschlichkeit lernen sollten, die da heißen: Gemeinschaftssinn, Toleranz und

Gleichberechtigung. Daneben sollte die Fähigkeit sich selbst Informationen zu besorgen, die Kritikbereitschaft, ein gutes Urteilsvermögen, soziale Fertigkeiten und ein großes Maß an Eigenmanagement ausgebaut werden. Nach Heidi Halkilahti, die zu der Arbeitsgruppe gehörte, sollten Lehrer vor allem das Talent haben, die Begeisterung und Neugier bei den Schülern zu fördern, zu bewahren und auszubauen (vgl. Vasama 2003). Ein entscheidender Satz charakterisiert die Lehrerausbildung in Finnland, die im Mittelpunkt der Gesellschaft steht. Siina Vasama fasst dies wie folgt zusammen:

> „Die Resultate, die die finnische Lehrerschaft vorzuweisen hat, finden in aller Welt Bewunderung. Das Ziel der finnischen Lehrerbildung ist es nicht, Wissen ausspuckende Roboter hervorzubringen, sondern Menschen, die in der Praxis ohne die Hilfe eines Handbuchs zurechtkommen." (Vasama 2003).

Bewusst ist vielen Lehrkräften in Finnland, besonders denen, die im Ausland hospitierten, dass sie in ihrem Arbeitsalltag mit ihren Schülern nicht alleine gelassen werden. So erhalten Schulen in einem sozialen Brennpunktgebiet drei zusätzliche Lehrkräfte. Weiterhin gibt es in der Regel an jeder Schule zwei sonderpädagogisch ausgebildete Speziallehrkräfte. Diese sind für Schüler mit Lernschwierigkeiten zuständig. Sie haben keine eigenen Klassen, sondern kommen dann zum Einsatz, wenn ein Schüler dem Unterricht nicht folgen kann. Ebenfalls gibt es an den Schulen drei Speziallehrer, die keiner eigenen Klasse vorstehen. Sie haben die Aufgabe, am Anfang des Schuljahres, mehrere Wochen in den einzelnen Klassen Schülern mit Leseschwierigkeiten oder anderen Lernauffälligkeiten zu sichten und auf verschiedene Klassen zu verteilen. Eine weitere gute Balance in der Klassenzusammensetzung wird durch die Verteilung der Schüler mit Migrationshintergrund eingerichtet. Als Springer sind an jeder Schule fünf bis sechs Unterrichtsassistenten angestellt, die die Lehrkräfte bei der Arbeit in den Klassen unterstützen. Zusätzlich arbeiten an jeder Schule für zwei bis drei Wochentage ein Schulpsychologe, ein Sozialarbeiter und eine Krankenschwester (vgl. Maurer 2015, S. 141 – 145).

4.4.3 Betreuungssituation von Kindern und Schülern im finnischen Vorschulbereich und an finnischen Schulen

Basis für die Betreuungssituation an finnischen Schulen stellt die gute Versorgung von Kindern im Vorschulalter dar. Kinder werden in Finnland hochgeschätzt und schon bei ihrer Geburt willkommen geheißen. Wird eine finnische Frau schwanger, so steht ihr ab diesem Moment der Staat beratend aber zugleich fordernd bei.

Eine sogenannte neuvola (Beratungsstelle) gewährt kostenlose Schwangerschafts-, Geburts-, Säuglings- und Kinderuntersuchungen. Jede Frau, die diese Vorsorgeuntersuchungen wahrnimmt, hat Anspruch auf Kindergeld und ein Startpaket für das Baby. In dem Paket ist alles enthalten, was ein Säugling in den ersten Lebensmonaten benötigt: Erstlingskleidung, Windeln, Trinkflaschen, Schnuller, sogar ein einfaches Bettchen, Zudecken und Ratgeber für die Eltern. Hier gibt es einen wesentlichen Unterschied zur Situation in Deutschland. Hier besteht automatisch ein Anspruch auf Elterngeld, ohne dass gewisse Pflichten der Eltern dafür eingefordert werden. Sehr umstritten war auch das bis vor kurzem gewährte Betreuungsgeld, das gezahlt wurde, wenn Eltern für ihre Kinder im Alter bis zu 15 Monaten auf eine Unterbringung in einer Tageseinrichtung verzichten. Um diese finanzielle Unterstützung zu erhalten, verzichteten besonders Eltern aus sozial benachteiligten Familien auf die Unterbringung ihrer Kinder. Eltern mit hoher beruflicher Qualifikation nahmen bevorzugt die Unterbringung in Kindertagesstätten in Anspruch. Die ständige politische Diskussion über diese Tatsache führte letztendlich zur Abschaffung des Betreuungsgeldes. Die verpflichtenden Gesundheitsuntersuchungen für Kinder in Finnland, sind umfangreicher als in anderen europäischen Ländern und geben die Möglichkeit, schlechte Faktoren, die zu seelischen und körperlichen Beeinträchtigungen führen können, frühzeitig zu beeinflussen. Schon frühzeitig wird in Finnland die gesamte Familie in den Blick genommen und die Lebensumstände der Kinder umfassend beachtet. Ein hohes Gut in Finnland ist der vorbeugende Kinderschutz. Durch ihn wird die Aufgabe übernommen, eine gute Entwicklung des Kindes zu gewährleisten und die Eltern in ihren Aufgaben zu unterstützen. Interessant ist, dass jedes Kind in jedem Schuljahr umfassend von einem Schularzt untersucht wird. Lassen sich Auffälligkeiten erkennen, die auf Missstände hindeuten, werden entsprechende Stellen der öffentlichen Verwaltung eingeschaltet. In einem anderen Kapitel wurde die Garantie auf einen Vorschulplatz erwähnt, aber ein Betreuungsplatz im Kindertagesstättenbereich, muss jedem Kind zur Verfügung gestellt werden. Der Höchstsatz der Zuzahlung für finnische Eltern liegt bei 16 % der Betreuungskosten. Zur Festlegung wird das Einkommen der Eltern berücksichtigt, Eltern mit geringem Einkommen zahlen keine Beiträge. Das gut ausgebaute Betreuungsnetz in Finnland ermöglicht eine frühkindliche Erziehung auf einem sehr hohen Niveau. Die gute Betreuung der Kinder setzt sich im Schulbereich fort. Bildung ist in Finnland während der gesamten Zeit der allgemeinen Schulpflicht kostenlos. Dies bezieht sich nicht nur auf den Schulbesuch, sondern auch auf Bücher, Papier, Kopiervorlagen usw. Auch andere Arbeitsmaterialien wie Geodreieck oder Bleistifte,

erhält jedes Kind einmal im Jahr kostenlos (vgl. Siggelkow/Büscher 2012, S. 143 –
144). An vielen Schulen, besonders in denen in sozialen Brennpunkten, stehen
Stifteboxen in den Klassen und auch andere Unterrichtsmaterialien erhalten die
Schüler regelmäßig. Ebenso werden der Förderunterricht und das tägliche Schulessen bezahlt. So gibt es keine sozialen Unterschiede an den Schulen. Interessant
ist, dass die Betreuungssituation auch auf einer anderen Ebene geprägt wird. Das
Team einer Schule, angefangen beim Schulleiter, bis hin zu den Reinigungskräften
und dem Hausmeister, stellt eine gemeinschaftliche, gleichwertige Gruppe dar. Die
Schule in Finnland hat eine flache Hierarchie und jeder Mitarbeiter erhält eine
hohe Wertschätzung. So wird eine wichtige gesellschaftliche Komponente der
Gleichberechtigung von Menschen durch praktisches Erleben, während aller
Schuljahre, den Schülern durchgängig transportiert. Die Betreuungssituation der
Schüler schließt auch ein, dass die Lehrer über das Internet mit den Eltern vernetzt sind. Tauchen Schwierigkeiten auf, egal ob im disziplinarischen Bereich oder
bei der Wissensvermittlung, nehmen die Lehrkräfte, über das sogenannte WiLMa-
Portal, Kontakt zu den Eltern auf. Die Kommunikation mit den Eltern ist in Finn-
land ein hoher Wert. Mit dem Computerportal WiLMa können nicht nur Eltern mit
Lehrern kommunizieren, sondern auch umgekehrt. Interessent dabei ist, dass Eltern auch erkennen können, ob ihre Kinder in der Schule anwesend sind oder ob
sie ihre Hausaufgaben nicht gemacht haben. Sollten jedoch schwerwiegende
Problem im familiären Bereich auftreten oder zu Hause sogar Gewalt ausgeübt
werden, so sind kommunale Stellen durch die Lehrkräfte zwingend einzuschalten.
Zum Betreuungssystem für Schüler gehört eine umfassende Schulung im Bereich
Gesundheitskompetenzen, gesunde Ernährung und alltägliche Fertigkeiten. Es
gibt eine Beratungsbetreuung mit Blick auf die spätere berufliche Situation. Hier
wird zum Beispiel das Schreiben von Lebensläufen oder Bewerbungsschreiben
trainiert. Wichtig und politisch gewünscht ist an finnischen Schulen eine Wohl-
fühlatmosphäre, die jedoch nicht bedeutet, dass Kinder ohne Grenzen erzogen
werden. Schüler begegnen den Lehrkräften und Betreuungspersonen mit großem
Respekt und extreme disziplinarische Belastungssituationen sind an finnischen
Schulen weder im Lehrbereich noch im Betreuungsbereich seltener zu finden als
im Vergleich zu anderen europäischen Ländern. Interessant ist, dass verschiedene
Untersuchungsergebnisse aufzeigen, dass trotz Respekt- und Grenzsetzung ein
partnerschaftlicher Umgangsstil zwischen Schülern, Lehrkräften und Betreu-
ungspersonal gepflegt wird. Dies wird zu einem großen Teil auf die gesellschaftliche und politische Anerkennung des Bildungssystems und somit der dort invol-

vierten Personenkreise zurückgeführt (vgl. Maurer 2015, S. 145 – 149; vgl. Siggelkow/Büscher 2012, S. 145 – 150).

4.4.4 Ausführungen von Marco Maurer zur Situation der Chancengleichheit, in Bezug auf Bildung und Bildungserfolg, in Finnland

Das Buch „Du bleibst was du bist" von Marco Maurer ist keine wissenschaftliche Erhebung, sondern ein Recherchebericht, kombiniert mit persönlichen Erfahrungen des Autors. Dennoch vermittelt das Buch viele wesentliche Aspekte, die wissenschaftliche Erkenntnisse ergänzen und untermauern. Marco Maurer hat in seinem Buch ein Kapitel mit dem Titel „Finnland – Das ‚Gelobte Land'" (Maurer 2015, S. 130). Das Kapitel endet mit der Frage, die eine finnische Lehrerin Marco Maurer mit auf den Weg gibt, als er nach Deutschland zurückfliegt: „Marco, hast du eigentlich erkannt, dass ihr in Deutschland genau das Schulsystem habt, das wir vor vierzig Jahren abgeschafft haben, weil es uns zu altmodisch und zu ungerecht vorkam?" (Maurer 2015, S. 161). Kernpunkt der Unterschiedlichkeit ist für Marco Maurer das Ergebnis seiner Recherche, die er in dem Finnlandkapitel benennt: „Deutschland ist mir zu ungerecht, zu chancenarm, zu undurchlässig, zu negativ, zu festgefahren." (Maurer 2015, S. 130). Besonders entscheidend für Chancenungleichheit ist für Maurer die willkürliche Trennung der Schüler nach der vierten Grundschulklasse. In ihrer Informationsschrift vom „Übergang von der Grundschule in Schulen des Sekundarbereichs I" teilen die Länder der KMK mit, dass fast alle Bundesländer vier Grundschuljahre haben, mit Ausnahme von Berlin und Brandenburg. Somit erfolgt in 14 Bundesländern die schulische Trennung, die von vielen Pädagogen als entscheidende Entwicklungsbenachteiligung für den Schulerfolg von Kindern gesehen wird. Viele Begabungen gehen nach Maurer verloren, weil Kinder, auf Grund ihrer Herkunft, nicht die nötige Förderung erhalten. In seinen Ausführungen greift er auf den aktuellen Bildungsbericht von Bund und Ländern zurück. Das Dokument umfasst 350 Seiten und zieht das Fazit, dass 15 – 20 % der Kinder und Jugendlichen auf Dauer keine Aufstiegschancen haben. Erschreckend die Feststellung, dass diese Kinder und Jugendlichen nicht richtig lesen und schreiben können, die Schule oder ihren Ausbildungsberuf abbrechen und später keine Bildungsangebote in Anspruch nehmen. Thomas Rauschenbach, der Präsident des Deutschen Jugendinstitutes ist, äußerte gegenüber Maurer die Meinung, dass dies eine Bevölkerungsgruppe sei, „die unten hängt und da nicht mehr rauskommt" (Maurer 2015, S. 131). Erschreckend ist, dass so viele junge Menschen, gerade erst ca. 17 Jahre alt, von der Gesellschaft abgeschrieben werden. Nach Erscheinen des Bundesbildungsberichtes, nannten

Redakteure des Spiegels Deutschland „die Republik der Abgehängten" (Maurer 2015, S. 131). Nicht nur die Autoren dieses Artikels, sondern auch andere Wissenschaftler stellen in Deutschland eine Art Statusvererbung von Akademikern fest und belegen, dass Kinder mit einer geringeren Bildungsbegabung studieren, wenn ihre Eltern eine akademische Ausbildung haben. Maurer erwähnt aber auch, dass Kinder und Jugendliche aus dieser gesellschaftlichen Schicht oftmals viel lieber einen Ausbildungsberuf anstreben würden, dies aber, auf Grund ihrer sozialen Herkunft, direkt oder indirekt von ihren Eltern verhindert wird. Sein Rechercheprojekt führte Maurer direkt nach Finnland, wo er die Grundlagen der Bildungsgleichheit von Schülern, die Ausbildung und den Arbeitseinsatz von Lehrkräften und die Betreuungssituation von Kindern und Jugendlichen an finnischen Schulen untersuchte. Wie in den vorherigen Abschnitten geschildert, hat das Schulsystem in Finnland einen wesentlich höheren Stellenwert in Politik und Gesellschaft als in Deutschland. Marco Maurer traf in Finnland Lehrkräfte, die in Deutschland hospitiert haben und mit zahlreichen Fragen und Frustrationen diese beruflichen Erfahrungen erlebten. Besonders auffällig war für die finnischen Lehrer, dass Kinder mit Lernproblemen sehr häufig in Deutschland eine Schule verlassen müssen, um an einer Förderschule weiter unterrichtet zu werden. In Finnland arbeitet man dagegen inklusiv und begegnet den Lernproblemen der Kinder an der Schule, die sie aktuell besuchen. Eine Lehrerin äußerte gegenüber Marco Maurer, dass sie bei ihrer Hospitation in Deutschland erlebt hat, dass deutsche Kinder mit Lernproblemen frühzeitig der normalen Schullaufbahn beraubt werden und ihnen damit bessere Bildungschancen entzogen werden. „Die Kinder, die hier in meinem Zimmer sitzen, wären in Deutschland auf der Hauptschule oder vielleicht sogar auf einer Sonderschule." (Maurer 2015, S. 152). Die finnische Lehrerin bezieht sich dabei auf Schüler mit Migrationshintergrund, die besonders trainiert werden und aktuell ihren Schwierigkeiten verstärkt begegnen müssen. Marco Maurer fragt die Lehrerin, ob diese Kinder einmal studieren könnten. Die Antwort lautet: „Natürlich, jeder von ihnen!", so die Antwort (Maurer 2015, S. 152). Vor seinem Finnlandbesuch hatte Maurer eine Hauptschule in Fulda besucht, an der die Schüler ähnliche Probleme hatten. Zusätzliche Förderung gab es für diese Schüler nicht und die Klassenlehrerin hatte auf die oben genannte Frage von Maurer geantwortet: „Die Kinder werden hier abgeschult. Studium? Keine Chance!" (Maurer 2015, S. 152). Maurer sieht einen wesentlichen Faktor der Chancenungleichheit an Schulen in Deutschland darin bedingt, dass es hier keine Zusatz- oder Assistenzlehrer, keine Psychologen und Sozialarbeiter gibt. In Deutschland muss ein Lehrer Probleme der Schüler seiner Klasse in der Regel alleine lösen. Wichtig ist für Finnland vor allem, dass die Zusatzkräfte direkt an der einzelnen Schule tätig sind. Sie tauschen sich untereinander aus und können, in Abstimmung, einen Hilfeplan für die einzelnen Schüler erarbeiten. Schulpsychologen in Deutschland dagegen betreuen im Durchschnitt ca. 10.000 Schüler, 17.000 sind es im Durchschnitt in Schleswig-Holstein und in Niedersachsen kommen auf 28.000 Schüler ein Schulpsychologe. Maurer führt einen humorvollen Vergleich an. Im Fußball gibt es hochklassigen Mannschaften Trainer und Spielertrainer, in Amateurmannschaften nur Trainer. Bezogen auf das Schulsystem in Deutschland wird dort in der Amateurliga gespielt, in Finnland in der Champions League. Zwischenzeitliche Verbesserungen der Schulsituation in Deutschland erfahren Rückschritte. So lief Anfang 2014 das Teilprojekt des Bildungs- und Teilhabepaketes des Bundes aus. 400 Millionen Euro waren darin für Sozialarbeiterstellen an Schulen bereitgestellt worden. Viele Schulleiter mussten zu diesem Zeitpunkt die Planstellen für Sozialarbeiter wieder abschaffen. In Finnland ist jeder Schule ein Sozialarbeiter zugeordnet, der dann eingreift, wenn Klassenlehrer und Klassenbetreuungsteam Probleme bei Kindern, die sich im Elternhaus begründen, nicht mehr lösen können. Dieses Konzept hat in Finnland großen Erfolg, nur in wenigen Fällen muss eine zusätzliche Beratungsstelle eingeschaltet werden. Untersuchungen gehen davon aus, dass dieses sozialarbeiterische Hilfssystem dazu führt, dass es Kindern in schwierigen Lebensverhältnissen doppelt so häufig wie in Deutschland gelingt, gute Schulleistungen zu erzielen. Auch die Auswahl der Studenten für das Lehramtsstudium, wie in vorherigen Kapiteln bereits beschrieben, führt nach Maurer dazu, dass durch Qualität und Empathie für den Lehrerberuf eine gute Basis für die Ausbildung der Kinder geschaffen wird (vgl. Maurer 2015, S. 130 – 161).

4.5 Zusammenfassung

Wenn auch der Vergleich mit Finnland nicht vorurteilslos möglich ist, stellen doch viele Aspekte eine Basis für mögliche Veränderungen des deutschen Schulsystems dar, damit dieses mehr Chancengleichheit für Schüler umsetzt. Die finnischen Verhältnisse lassen sich nicht ohne Weiteres auf Deutschland übertragen. Finnland (338.000 km^2) ist von der Fläche her fast so groß wie Deutschland (357.000 km^2), hat aber nur ca. 5,3 Millionen Einwohner. Somit beträgt die Bevölkerungsdichte pro km^2 in Finnland 17 Einwohner, in Deutschland 230. Dieser Faktor hat einen starken Faktor auf das Schulsystem, denn ein Viertel der finnischen Schulen hat weniger als fünfzig Schüler, nur drei Prozent der Schulen haben 500 Schüler. Weiterhin ist der Anteil der Migranten wesentlich geringer, denn nur 3,1 % der finnischen Bevölkerung sind Ausländer. Die Zahl in Deutschland ist wesentlich höher, aktuell gibt es, auf Grund der Flüchtlingssituation, keine genaue Prozentzahl. Vergleicht man jedoch den Flüchtlingsstrom des Jahres 2015 in die etwa gleichgroßen Länder, so ist festzustellen, dass nach Finnland ca. 17.000 Menschen geflüchtet sind und in Deutschland im gleichen Zeitraum rund 441.000 Personen einen Asylantrag gestellt haben (vgl. Bundesamt für Migration und Flüchtlinge 2016, S. 3 – 4). Das Problem, der durch Migration benachteiligter Kinder, ist somit in Deutschland wesentlich größer als in Finnland. Weiterhin gibt es in Finnland ein sehr gut strukturiertes Lehrervertretungssystem, das Unterrichtsaufälle verhindert. Trotz dieser Unterschiede, können andere europäische Länder vom finnischen Schulsystem viel lernen. Faktoren zur Förderung der Chancengleichheit, das ausgefeilte Betreuungs- und Unterstützungssystem und die gute Lehrerausbildung sind dabei zu nennen. Wie sich die Chancengleichheit gestaltet, wurde in den vorangegangenen Kapiteln benannt. Somit gilt es, die Faktoren zu beleuchten, die zur Chancengleichheit von Schülern in Finnland beitragen und diese auf ihre Übertagbarkeit ins deutsche Schulsystem zu überprüfen. Niemand wird in Frage stellen, dass eine bessere sozialarbeiterische und schulpsychologische Schulbetreuung die Situation von benachteiligten Kindern verbessern würde. Kostenloses Schulessen und kostenlose Schulmaterialien stellen eine große Hilfe für finanziell benachteiligte Familien dar. Weitere Faktoren ließen sich noch finden, müssten jedoch auf ihre Finanzierbarkeit überprüft werden (vgl. Fuhrmann/Beckmann-Dierkes 2011; vgl. Wernicke 2006). Hier kann der Satz erwähnt werden, den John F. Kennedy einmal sagte: „Es gibt nur eins, was auf Dauer teurer ist als Bildung, keine Bildung." Marco Maurer schlägt in seinem Buch mögliche Finanzierungshilfen vor. So unter anderem die Verwendung des Solidaritätszuschlages in Zukunft auf die Bildungsförderung zu übertragen oder die Einführung eines Bildungscents pro Bürger umzusetzen. „Diese kreativen Lösungsansätze basieren auf dem Vorschlag des Präsidenten der Deutschen Forschungsgemeinschaft, einen Wissenscent einzuführen" (Maurer 2015, S. 362). Bedacht werden muss, dass kurzfristig der Staatshaushalt durch Investitionen in Bildung belastet wird. Langfristig erfolgt durch nachhaltige Bildungspolitik eine Entlastung des Haushaltsbudgets. Nach Marco Maurer gibt es aktuell in Deutschland sieben Millionen Erwachsene ohne Berufs- und Schulausbildung. Errechnet wurde, dass die 150.000 jungen Menschen, die jährlich ohne Ausbildungsabschluss ins Berufsleben starten, jährlich Kosten in Höhe von 1, 5 Milliarden Euro verursachen. Jutta Allmendinger und ihre Kollegen haben laut Marco Maurer errechnet, dass 15 Milliarden Euro Folgekosten bis zum Jahr 2020 anfallen. Minderzahlungen an Steuer- und Sozialausgaben verstärkte Annahme von Hartz IV-Leistungen oder Arbeitslosengeld führen dazu, dass ein bildungsarmer Mensch dem Staat durchschnittlich 22.000 Euro Kosten im Jahr verursacht. Hier bewahrheitet sich somit der oben genannte Satz von John F. Kennedy (Allmendinger et al. 2011; vgl. Maurer 2015, S. 360 – 363).

5 Zukunftsorientierung zur Förderung benachteiligter Kinder als gesellschaftliche und politische Herausforderung

In der gesellschaftlichen und politischen Diskussion ist es unumstritten, dass die Förderung benachteiligter Kinder eine wichtige gesellschaftliche Herausforderung ist. Dies begründet sich darin, dass der Faktor Bildung in einer hochtechnisierten Gesellschaft zu einem immer größeren Wirtschaftsfaktor wird. Durchgängig müsste der Bildungsschicht in Deutschland, die auch als intellektuelle Elite bezeichnet werden kann, bewusst sein, dass Bildung für viele Kinder in Deutschland unerreichbar ist. Gesellschaftlich interessant ist es für diese Elite, die vorgegebene Bildungsferne der Kinder als ungerecht zu bezeichnen, doch gleichzeitig ist eine gewisse Abwehr gegenüber dieser Kindergruppe festzustellen. Schon 1965 schrieb der Liedermacher Franz Josef Degenhardt das Lied „Spiel nicht mit den Schmuddelkindern". Natürlich ist dies keine wissenschaftlich renommierte Quelle, doch zeigt der Text, dass gesellschaftliche Unterschiede von Kindern schon in diesem Jahrzehnt der deutschen Bevölkerung bewusst waren. Gehen wir mit einem Zeitsprung in das Jahr 2001, so kann die Äußerung von „Jürgen Baumert, wissenschaftlicher Leiter der ersten PISA-Studie in Deutschland: ‚Die Chancen eines Arbeiterkindes, anstelle der Realschule ein Gymnasium zu besuchen, sind viermal geringer als die eines Kindes aus der Oberschicht.'" (Siggelkow/Büscher 2012, S. 199 – 200). Jochen Schweitzer äußerte drei Jahre später, als Vertreter der KMK in den PISA-Gremien: „Die Schüler aus den unteren Sozialschichten werden vierfach bestraft: durch ihre Herkunft, durch ihre ungerechte Selektion am Ende der Grundschule, durch die ungünstigen Lernbedingungen der Hauptschule und schließlich durch die geringsten Chancen auf dem Arbeitsmarkt." (ebd., S. 200). Sehr deutlich äußerte sich im Jahr 2007 Vernor Munoz, der UN-Berichterstatter für Bildung, vor dem Rat für Menschenrechte der Bundesregierung, nach einer Inspektionsreise in deutschen Schulen. Er bezeichnete dabei das mehrgliederige Schulsystem als selektiv und auch als diskriminierend und bat die Regierung, dieses negative System zu überdenken. Interessant ist, dass scheinbar all diese Äußerungen und Hinweise von anerkannten Persönlichkeiten, kaum etwas verändert haben. Ein hohes Gut ist in Deutschland, dass die Politik das alleinige Sorgerecht der Eltern nicht antasten möchte. Doch was ist mit den Kindern, für die dieses Sorgerecht nachteilige Auswirkungen hat? Siggelkow und Büscher führen an, dass in Finnland die Kinder vom Mutterleib an hervorragend durch verschiedene berufliche Kompetenzen und unterschiedliche staatliche Institutionen begleitet und gefördert werden (vgl. ebd., S. 199 – 201). Frei nach dem

Motto: „[...] von der Windel über Schulmaterial bis hin zum körperlichen und seelischen Wohlergehen." (ebd., S. 201). Die Autoren schildern die Situation in
Deutschland ganz anders. So führen sie an, dass dagegen in Deutschland Hunder-
tausende von Kindern am Morgen in der Schule hungern, weil ihre Eltern – egal
aus welchen Gründen – kein Frühstück zubereitet haben. In der Regel ist schon
vorprogrammiert, dass diese Kinder den negativen Weg ihrer Eltern in Schule und
Ausbildung ebenfalls beschreiten. Bildung als Zukunftsressource wird ihnen gesellschaftlich und politisch vorenthalten, weil keine übergeordnete Stelle konsequent die Verantwortung für diese Fehlentwicklung übernimmt. Wissenschaftlich,
so wie auch in der praktischen Pädagogik, ist allen Beteiligten schon lange bewusst, dass die Gesellschaft und die Politik Verantwortung für die gleichgestaltete
Bildungsförderung von Kindern übernehmen muss (vgl. ebd., S. 199 – 204). Lei-
der ist aktuell die Bildung in Deutschland eine Ressource, die nur denjenigen zur
Verfügung steht, die das nötige „Kleingeld dafür (...) haben" (ebd., S. 203).

5.1 Mögliche Herausforderungen der Politik

Ein Blick in die deutsche Bildungsgeschichte der Vergangenheit zeigt, dass der
Abbau der sozialen Selektivität im Bildungsbereich und die Durchsetzung von
mehr Bildungsgerechtigkeit inzwischen deutlich mehr eingefordert wird als vor
Jahrzehnten. Wie ein roter Faden zieht sich die politische Diskussion rund um die
Bildung durch die Parteienlandschaften. Jedoch passiert dies überwiegend im
Rahmen unverbindlicher Bildungsrhetorik und nicht im praktischen Bereich der
konkreten Gestaltung von Bildungsabläufen. Bei der Recherche dieser Thematik
kann festgestellt werden, dass die Bildung in Deutschland „weiterhin ein hart um-
kämpftes politisches Konfliktfeld ist" (Brake/Büchner 2012, S. 226). In diesem
Konfliktfeld treffen die verschiedensten Interessen der deutschen Gesellschaften
aufeinander. Anna Brake und Peter Büchner zitieren in diesem Zusammenhang
eine Elternweisheit, die lautet: „Wo Latein gelehrt wird, hört man weniger Tür-
kisch." (ebd.). Verschlüsselt wird hier die Botschaft transportiert, dass Eltern ihre
eigenen Kinder als Bildungselite sehen und sich für diese den Bildungsstand eines
Gymnasiums wünschen, das in der Regel von weniger Kindern aus sozial benachteiligten Elternhäusern besucht wird. Weiterhin wurde von den oben genannten
Autoren festgestellt, dass bisher fast keine konkreten Maßnahmen zur Veränderung dieses Systems durch die Politik eingeleitet wurden. Bestehende Bildungs-
privilegien werden in Deutschland immer noch hartnäckig verteidigt und somit
wird die Teilhabe aller Kinder und Jugendlichen an guter *Bildung* bewusst oder

unbewusst verhindert. Vielfach sind die entscheidenden Politiker gleichzeitig die
Eltern, die ihre eigenen Kinder als Bildungselite sehen möchten. Eine Auflösung
dieses Systems muss passieren, damit Bildung als Zukunftsressource für alle zur
Verfügung steht und somit als wirtschaftlich bedeutender Faktor bei den politischen Planungen umgesetzt wird.

5.1.1 Förderung der Bildungsgerechtigkeit

Schaut man sich den fünften nationalen Bildungsbericht aus dem Jahr 2014 an,
lässt sich auf den ersten Blick erkennen, dass in den Bereichen der Bildung
durchgehend positive Entwicklungen erwähnt werden. Somit darf nicht geleugnet
werden, dass die erhöhten Bildungsausgaben von rund 177 Milliarden Euro We-
sentliches zur Bildungsgerechtigkeit beigetragen haben. Die Autoren des Bildungsberichtes akzentuieren, dass die Investitionen erforderlich sind, „um den
Herausforderungen für das Bildungssystem zu begegnen." (Bundesministerium
für Bildung und Forschung 2014, S. 2) (vgl. Autorengruppe Bildungsberichterstattung 2014, S. 34 – 35). Folgende Punkte für mehr Bildungsgerechtigkeit werden
von den Autoren des Bildungsberichtes besonders hervorgehoben:

- Der Ausbau der Angebote für Bildung und Betreuung für unter 3-jährige
  Kinder ist gelungen. Sie regen an, ab sofort den „Blick verstärkt auf Fragen
  der Qualität der frühen Bildung" (Bundesministerium für Bildung und Forschung 2014, S. 2) zu lenken.

- Die Erweiterung der Ganztagsbetreuung ist ebenfalls gelungen. Hier sollte
  die Qualität der Durchführung gesteigert werden, ebenso ist die Verläss-
  lichkeit der Ganztagsangebote zu fokussieren.

- Der Übergang von Schule in berufliche Bildung muss genauer beleuchtet
  und verbessert werden. Eine Systematisierung der Maßnahmen des Über-
  gangssystems muss geschaffen werden.

- „Das Verhältnis von Hochschulbildung und beruflicher Bildung" (ebd.)
  muss neu ausgeglichen werden, da erstmals höhere Anfängerzahlen der
  Studierenden im Verhältnis zu Startern in der dualen Ausbildung vorhanden sind.

- Trotz der Erfolge wird herausgestellt, dass der Abbau sozialer Ungleichheiten im Bereich der schulischen Bildung weiterhin besteht. „In Deutschland
  ist fast jedes dritte Kind (29,1%) von mindestens einer Risikolage wie Bil-
  dungsarmut, materielle Armut oder Arbeitslosigkeit im Elternhaus betrof-

fen, die sich negativ auf den Bildungserfolg auswirkt. Dies gilt besonders
für Kinder mit Migrationshintergrund." (ebd.) (vgl. ebd.).

Mit Blick auf diese Herausforderungen, hebt die Autorengruppe hervor, dass eine
intensive Zusammenarbeit von Bund, Ländern, Kommunen und anderer gesellschaftlicher Akteure aus dem Bildungsbereich die Grundlage für eine Förderung
der Bildungsgerechtigkeit bilden muss. Weiterhin wird betont, dass der Bund die
Länder in dieser Legislaturperiode intensiv im Bereich der Kindertagesstätten,
Schulen und Hochschulen finanziell unterstützt (vgl. ebd.).

Der Deutsche Caritasverband spricht in seinem Positionspapier „Chancengleichheit durch Bildungsgerechtigkeit" ähnliche Aspekte aus. Es wird gefordert:

> „1. Familien als primäre Sozialisations- und Bildungsinstanz (zu) stärken und (zu)
> begleiten.
>
> 2. Kindertageseinrichtungen als Bildungsorte (,) gerade für benachteiligte Kinder (,
> zu) qualifizieren.
>
> 3. Schulen in ihrer Bildungsfunktion (zu) unterstützen und Bildungsgerechtigkeit
> (zu) fördern.
>
> 4. Jugendlichen mit Hauptschulabschluss ohne Schulabschluss bessere Ausbildungs-
> und Berufschancen (zu) eröffnen." (Deutscher Caritasverband 2007, S. 6).

Der Deutsche Caritasverband nimmt diese vier zentralen Lebensphasen in den
Blick, die entscheidend zur Bildungsgerechtigkeit beitragen können. Für die Familie als „primäre und zentrale Bildungs- und Sozialisationsinstanz" (ebd., S. 7) wird
mehr Anerkennung und Unterstützung gefordert. Der Deutsche Caritasverband
geht davon aus, dass Eltern als Bildungslotsen ihrer Kinder fungieren und junge
Menschen auf diese spätere Anforderung nicht ausreichend vorbereitet werden.
Deshalb möchte verbandliche Caritas dazu beitragen, dass junge Menschen in der
Phase der Familiengründung in ihrer Bildungs- und Sozialisationskompetenz unterstützt werden. Eine ständige Evaluation der Angebote soll die Qualitätsopti-
mierung erreichen und den Bestand der Angebote am jeweiligen Bedarf weiter-
entwickeln. Somit sind Familien unterstützende Angebote in dieser Phase ein wesentlicher Aspekt. Durch den Caritasverband wird der Gesetzgeber auf Bundes-
ebene dazu aufgefordert, „die ‚Allgemeine Förderung der Erziehung in der Familie' (§ 16 SGB VIII) als Pflichtaufgabe zu regeln." (ebd., S. 8). Die Vertreter des
Caritasverbandes sind weiterhin der Meinung, dass die Länder hierzu entsprechende Ausführungsbestimmungen erlassen müssen. Es soll vermieden werden,

dass Bildungs- und Unterstützungsangebote zur Befähigung von Familien nur als Ermessensleistungen gesehen werden. Eingefordert werden deshalb verlässliche rechtliche und finanzielle Rahmenbedingungen. Kommunen sollen auf dieser Basis eine kommunale Familienpolitik entwickeln, in der die oben geforderten Maßnahmen manifestiert, vernetzt und finanziert werden (vgl. ebd.).

Für die zweite Lebensphase werden die Kindertageseinrichtungen als Bildungsorte gesehen, die besonders benachteiligte Kinder qualifizieren sollten. Der Caritasverband führt aktuelle Studien an, die belegen, dass ein dreijähriger Besuch einer Kindertageseinrichtung als wesentliche Voraussetzung für die Aneignung von Bildungskompetenzen gesehen werden muss. Schon 1970 wurde dies im Strukturplan für das deutsche Bildungswesen erwähnt. Gefordert wird vom Caritasverband die Beitragsfreiheit für Kindertageseinrichtungen, damit jedes Kind die hier angebotenen Bildungsleistungen nutzen kann. Langfristig wird eine komplette Beitragsfreiheit vom Caritasverband gefordert. Der Caritasverband unterstützt Maßnahmen des Ausbaus von Qualitätsstandards für Kindertageseinrichtungen. Auch die Angebote für unter 3-jährige Kinder möchte der Verband intensivieren, und arbeitet daher an der Ausweitung von Tagespflegeangeboten für diese Zielgruppe. Weiterhin wird eine verbesserte Bildung von Fachkräften in Kindertageseinrichtungen gefordert, verbunden mit der Aufnahme der Themen Elternarbeit und Kinderarmut, sowie dem Aufbau der interkulturellen Kompetenz und der Fähigkeit zur Sprachförderung von Mitarbeitern in Kindertageseinrichtungen. Als Grundlage fordert der Deutsche Caritasverband die Anerkennung von „Kindertageseinrichtungen als gleichwertige und eigenständige Stufe im Bildungssystem" (ebd., S. 10) (vgl. ebd. S. 9 – 10).

Die dritte vom Caritasverband betrachtete Phase beschäftigt sich mit dem Schulsystem, das eine entscheidende Funktion im Bildungsprozess von Kindern und Jugendlichen hat. In seinen Untersuchungen weist der Deutsche Caritasverband daraufhin, dass „die finanziellen Belastungen für einkommensschwächere Familien, die sich aus dem Schulbesuch ergeben" (ebd., S. 10), problematisch sind. Der Caritasverband fordert auf dieser Basis eine stärkere Vernetzung von sozialen Hilfsdiensten mit Schulen. Weiterhin setzt er sich für die Gestaltung eines „Schulsystems ein, die eine frühe Selektion ausschließt und die gesellschaftliche Teilhabe aller jungen Menschen fördert" (ebd., S. 11). Auf allen Ebenen sollen Schule und die Kinder-, Familien- und Jugendhilfe zusammenarbeiten. Hierin sieht der Caritasverband eine grundlegende Basis zur Förderung der Bildungsgerechtigkeit (vgl. ebd., S. 10 – 11).

In der vierten Phase nimmt der Caritasverband die Situation von Jugendlichen in den Blick, die auf Grund ihres Schulabschlusses, schlechte Chancen im Ausbildungs- und Berufsbereich haben. Der Deutsche Caritasverband stellt fest, dass sich „in Deutschland (...) die Benachteiligung aufgrund sozialer Herkunft im Schulsystem auch im Übergang zum Beruf fort(setzt). Das Gleiche gilt für die Benachteiligung von Jugendlichen mit Hauptschulabschluss oder ohne Schulabschluss." (ebd., S. 12). Im Bildungssystem muss laut Caritasverband angestrebt werden, dass jeder Jugendliche einen Berufsabschluss hat. Der Blick wird darauf gelenkt, dass trotz unterschiedlicher Begabungen und Entwicklungszeiträume, das Bildungssystem für junge Menschen durchlässig bleiben muss. Der Deutsche Caritasverband fordert ein, dass ein Fördersystem für berufsbezogene Angebote, gemeinsam mit allen örtlichen Trägern eines politischen Einzugsbereiches, geschaffen werden muss. Angebote für Jugendliche müssen sinnvoll aufeinander abgestimmt werden. (vgl. ebd., S. 12 – 13). Die klare Forderung lautet: „Die Umsetzung des Europäischen Qualifikationsrahmen [sich!] in einen nationalen Qualifikationsrahmen muss so gestaltet werden, dass die Zugangschancen zu Ausbildung, Studium und Beruf von jungen Menschen mit Hauptschulabschluss bzw. ohne Schulabschluss nachhaltig verbessert werden." (ebd., S. 14).

Der indikatorengestützte Bericht „Bildung in Deutschland 2014" greift durchgängig die Phasenaspekte des Deutschen Caritasverbandes auf. Eine wesentliche Perspektive richtet sich in diesem Bericht an der EU aus. Danach sollten die Schulabgänger in Zukunft mindestens einen Abschluss im Sekundarbereich II absolviert haben, das lebenslange Lernen anstreben und noch mehr Menschen sollten einen erfolgreichen Hochschulabschluss erwerben. (vgl. Autorengruppe Bildungsberichterstattung 2014, S. 43). Die EU hebt die wirtschaftliche und gesellschaftliche Bedeutung von Bildung hervor und hat sich „in ihrer auf zehn Jahre angelegten Wachstumsstrategie ‚Europa 2020' (...) für den Bildungsbereich zwei Hauptziele gesetzt." (ebd., S. 43). Zum einen soll die Quote der frühzeitigen Schulabgänger auf unter zehn Prozent gesenkt werden und zum anderen soll der Anteil der Dreißig- bis unter 35-jährigen Hochschulabsolventen auf über vierzig Prozent gesteigert werden. Deutschland hat diese Ziele noch nicht erreicht. Besonders im zweiten Ziel liegt Deutschland mit 32 % im Jahr 2012 deutlich unter nationalem Zielwert im Vergleich zu anderen Staaten (vgl. ebd.). Wie der Deutsche Caritasverband, fordert der Bildungsbericht alle gesellschaftlichen Gruppen auf, sich an der Aus- und Weiterbildung zu beteiligen und die Bildungsprogramme zum Erfolg zu führen. Somit kann, unter Berücksichtigung dieser Faktoren, eindeutig das Resümee gezogen werden, dass die hochkarätige Autorengruppe der Bildungsberichterstattung, ebenso wie andere Träger, in den Mittelpunkt zur Förderung der Bildungsgerechtigkeit die intensive Zusammenarbeit von Bund, Ländern, Kommunen und anderen an der Bildung beteiligten Gesellschaftsgruppen stellt. Hier wird von allen der entscheidende Faktor für die Weichenstellung der kommenden Jahre gesehen, um dem EU-Standard zu entsprechen (vgl. ebd., S. 43 – 44) (vgl. Deutscher Caritasverband 2007, S. 12 – 14).

5.1.2 Probleme der Heterogenität

In der Bildungspolitik und der Erziehungswissenschaft wird die Heterogenität dahingehend diskutiert, dass bestehende Ungleichheiten zwischen sozialen Gruppen überwunden werden sollen. So soll eine Beteiligung aller an den schulischen Bildungsgängen erreicht werden. Die Heterogenität ist zu einem zentralen Begriff der Beschreibung schulischer und unterrichtlicher Realität geworden (vgl. Sturm 2013, S. 9 – 13). „Heterogenität' kommt aus dem Griechischen, bedeutet übersetzt ‚Ungleichartigkeit' und bezeichnet somit Unterschiede oder Differenzen." (ebd., S. 15). Beleuchtet man den Begriff Heterogenität, kann gesagt werden, dass jeder Mensch anders ist. Von daher ist grundsätzlich „Heterogenität das Normale und Homogenität das nicht Wirkliche" (ebd., S. 19). In der heutigen pluralen Gesellschaft, gibt es neben der individuellen Gesellschaft ein hohes Maß an sozialer und kultureller Vielfalt. Somit gehören zur Heterogenität die kulturelle Vielfalt und die gesellschaftliche Pluralität. Die Probleme der Heterogenität werden jedoch deutlich, weil unter diesem Stichwort auf der einen Seite soziale und kulturelle Unterschiede erfasst werden, wie auch „divergente leistungsbezogene Ausgangsbedingungen der Schüler" (Gröhlich et al. 2009, S. 87) (vgl. ebd., S. 86 – 89). Die Probleme der Heterogenität können nur bearbeitet werden, wenn es gelingt, den traditionellen Unterricht aus seiner Festlegung auf die ganze Klasse zu befreien und das Augenmerk auf eine angebrachte innere Differenzierung des Unterrichts auszuweiten. So wird der Weg geöffnet, die einzelnen Schüler in ihrer Unterschiedlichkeit ernst zu nehmen (vgl. ebd., S. 5 – 23). Positiv ist, dass die Probleme der Heterogenität den Blick auf die Durchführung des Unterrichts gelenkt haben. Insegesmat wurde wissenschaftlich herausgearbeitet, dass das Unterrichten in einem Spannungsfeld zwischen dem Einzelnen und der Gemeinschaft zu sehen ist. In diesem Zusammenhang wird geraten, eine innere sinnvolle Differenzierung anzustreben. Nach Rohlfs können die Probleme der Heterogenität zielführend mit folgenden Grundsätzen bearbeitet werden:

„1. Heterogenität verlangt Differenzierung, aber alle Kinder sollten beim gemeinsamen Inhalt bleiben.

2. Das Ausmaß der Lernhilfen muss so gestaltet sein, dass alle Kinder Lernfortschritte wahrnehmen können.

3. Es ist so viel Differenzierung zu schaffen, dass alle Kinder angemessen lernen können.

4. Die differenzierten Aufgaben müssen in den gemeinsamen Unterricht eingebettet sein. Die Lernaufgaben müssen zum gemeinsamen Lernen beitragen und dorthin führen.

5. Die Kinder mit Lernproblemen brauchen die Person des Lehrers/der Lehrerin besonders." (Kiper et al. 2008, S. 34 – 35).

Diese innere Differenzierung bildet nach den Erkenntnissen von Rohlfs die Lernvoraussetzung der Schüler. Dabei sollen regelmäßig die Lernprozesse als entscheidende Grundlage beobachtet werden. Ein jeder Schüler sollte nach diesem Ergebnis die Möglichkeit erhalten, sein intellektuelles, soziales, emotionales und motorisches Potenzial ausreichend zu entwickeln. Eine Unterstützung durch Maßnahmen der Lehrkräfte ist dabei von maßgebender Bedeutung. In der Fortbildungsreihe „Grundwissen Lehrerbildung – Umgang mit Heterogenität" orientiert sich die Akademische Rätin Doris Streber an den im Jahr 2012 von Saalfrank vorgeschlagenen Dimensionen der inneren Differenzierung und hebt zwei besonders hervor. Die unterrichtsorganisatorische Dimension und die Unterrichtsgestaltungsdimension, geben ihrer Meinung nach eine gute Grundlage für die Perspektive der Individualisierung des Lernens und nehmen somit positiv die Heterogenität durch ein Aufbrechen des Klassenverbandes in den Blick (vgl. Kiel 2012, S. 72 – 79). Folgende Tabelle zeigt die oben erwähnten Dimensionen der inneren Differenzierung nach Saalfrank:

„Unterrichtsorganisatorische Dimension	Unterrichtsgestaltungsdimension
Einzelne Schüler oder Lerngruppen werden bezüglich bestimmter Kriterien durch den Lehrer gruppiert:	Die Variation des Unterrichts richtet sich nach dem Grad der Individualisierung:
Ziele (z.B. heterogene Ziele in Fördergruppen mit unterschiedlichen Schwierigkeiten)	Individualisierter Unterricht (z.B. Wochenplanarbeit, Freiarbeit)
Inhalte (z.B. individualisierte Aufgabenstellungen)	Kooperativer Unterricht (z.B. Projektunterricht, Gruppenunterricht)
	Gemeinsamer Unterricht (z.B. Klassenunterricht)
Methoden und Medien (z.B. Präsentations-	

„Unterrichtsorganisatorische Dimension	Unterrichtsgestaltungsdimension
techniken)	
Sozialformen (z.B. Einzel- und Partnerarbeit)	
Lernvoraussetzungen (z.B. interessenbezogene Lerngruppen)	
Organisation und Zufall (z.B. Lerngruppen, die sich aus der Sitzordnung ergeben)“	

(Streber et al. 2015, S. 22 – 23).

Intensiv zu betrachten ist das heterogene Milieu in Schule und Unterricht. Es gilt durch Beachtung der Heterogenität die Chancengerechtigkeit mehr zu fördern und durch den Unterricht sozialökonomische Ungleichheit, Einschränkung durch die Geschlechterzugehörigkeit, Erfahrungen von Migration und Behinderung zu bearbeiten. Tanja Sturm weist in ihrem „Lehrbuch Heterogenität in der Schule“ darauf hin, dass fehlender Schulerfolg sehr häufig als mangelnde Begabung oder Motivation der Schüler gesehen wird. So wird das Problem individualisiert (vgl. Sturm 2013, S. 64 – 66). Dem gegenüber stehen sozialwissenschaftliche und menschenrechtliche Aspekte „die Bildungsungleichheit als Ausdruck gesellschaftlicher Ungleichheit sehen, die durch das Bildungssystem reproduziert und produziert wird.“ (ebd., S. 65). Daher ist es eine wichtige Aufgabe, den Zusammenhang zwischen schulischem Misserfolg und familiären Bedingtheiten zu beleuchten. Durch Einbeziehung des Wissens um die Auswirkungen von Heterogenität, auf Basis der Ausführungen von Tanja Sturm, können Erfolge erzielt werden, wenn Lehrerbildung diese Aspekte verstärkt berücksichtigt (vgl. Streber et al. 2015, S. 142 – 144). Die Probleme der Heterogenität sind sehr umfassend und können in dieser Arbeit nicht vollständig erläutert werden. Ein wesentlicher Faktor ist jedoch für die Berücksichtigung der Heterogenität in der Schule die innere Differenzierung im Unterricht. Die Forderung an die Lehrkräfte lautet: Das Eingehen auf das Problem der Schülerheterogenität sollte in keiner Unterrichtsstunde vergessen werden. So kann das Bewusstsein von Unterrichtsplanung und -durchführung zu mehr Chancengerechtigkeit führen. Somit muss konsequent von den Schulen der Gegenwart gefordert werden,

> „passende Entwicklungs- und Entfaltungsmöglichkeiten für Schülerinnen und Schüler in heterogenen Lerngruppen bereitzustellen sowie einen Orientierungsrahmen für das Leben in einer pluralistischen Gesellschaft anzubieten. Der Ansatz der individuellen Lernförderung wird in der Pädagogik als eine Möglichkeit zum Umgang mit diesen Anforderungen diskutiert.“ (ebd., S. 92)

Somit wird die individuelle Förderung zu einer zentralen Aufgabe in einer neu durchdachten Lernkultur, die die Heterogenität konzentriert in den Blick nimmt und auf dieser Basis einen entscheidenden Schritt zur Umsetzung der Chancengleichheit an deutschen Schulen vollzieht (vgl. ebd., S. 44 – 100).

5.1.3 Durchlässigkeit der Bildungssysteme

Schon 1970 wurde im Strukturplan für das deutsche Bildungswesen vom Deutschen Bildungsrat die Durchlässigkeit der Bildungswege als gesellschafts- und kulturpolitische Forderung genannt. Dieser Forderung lag das Bewusstsein zugrunde, dass individuelle Schullaufbahnwege zur Förderung der Chancengleichheit korrigierbar sein müssen. Unterschieden wurde dabei „zwischen vertikaler Durchlässigkeit (Fortschreiten in höhere Bildungsstufen) und horizontaler Durchlässigkeit (die Möglichkeit von einem Bildungsweg in einen anderen zu wechseln)" (Academic dictionaries and encyclopedias). Das politische Denken dieser Zeit in Deutschland förderte diese Aspekte und nahm insbesondere die Gesamtschule in den Blick, die sowohl die horizontale als auch die vertikale Durchlässigkeit sicherstellen sollte (Academic dictionaries and encyclopedias; vgl. Schützenmeister 2002, S. 161). Bei den bestehenden Schularten wie Hauptschule, Realschule und Gymnasium, gab es in einigen Bundesländern ein Herausschieben der Trennung durch die Einführung von Orientierungs- oder Förderstufen. Insgesamt wurde deutschlandweit der zweite Bildungsweg gefördert und durch die Einrichtung von Fachhochschulen der Zugang zur Universität auf Umwegen ermöglicht (vgl. Academic dictionaries and encyclopedias). Die Bundesvereinigung der Deutschen Arbeitgeberverbände, Abteilung Bildung/berufliche Bildung, nimmt die Durchlässigkeit der Bildungssysteme sehr genau in den Blick. Für sie ist Bildung der Schlüsselfaktor für die Sicherstellung der Wettbewerbsfähigkeit von Deutschland und darüber hinaus von Europa. Die Durchlässigkeit des deutschen Bildungssystems ist nach Meinung der Bundesvereinigung nicht ausreichend gegeben und schadet somit dem Wirtschaftsstandort Deutschland. Die Abgrenzung zwischen den verschiedenen Bildungsbereichen wird als zu groß eingeschätzt und die Regelungen für Nichtabiturienten zur Studienaufnahme werden negativ beurteilt. Unübersichtlichkeit und der Mangel an Möglichkeiten, die im Beruf erworbenen Fähigkeiten und Kenntnisse für ein Studium anrechnen zu lassen, sind nach den Ausführungen der Bundesvereinigung nicht ausreichend gegeben. Es wird gefordert, dass gleiche berufliche Ziele über verschiedene Bildungswege erreichbar sein müssen, dies bedeutet die Berücksichtigung beruflicher und hochschulischer Lernfelder. Die Bundesvereinigung fordert ein durchlässiges Bildungssystem, da dies die Voraussetzung einer funktionierenden Wirtschaft ist. Erwähnt wird, dass in einem erschreckenden Maße der Bildungserfolg von der sozialen Herkunft abhängt, belegt wird dies von der Bundesvereinigung durch die Ergebnisse der PISA-Studie (vgl. Bundesvereinigung der Deutschen Arbeitgeberverbände/Tagung 2006, S. 1 – 9).

> „Der Skandal, dass Begabungen durch die Abschottung zwischen beruflicher und akademischer Bildung verschwendet werden, ist dagegen unentdeckt und von der Öffentlichkeit unbeachtet. Wie können wir Brücken bauen zwischen beruflicher und akademischer Bildung mit dem Ziel, die Bildungskarrieren jedes Einzelnen zu optimieren?" (ebd., S. 7)

Im Rahmen der Tagung der Bundesvereinigung, tauchte immer wieder die Frage auf, ob die Durchlässigkeit eine System- oder Kulturfrage ist. Eindeutig wurde, dass mit dem Thema Durchlässigkeit klare Positionen und ehrgeizige Ziele gedanklich vereinigt werden. Bemängelt wurde dabei, dass in Deutschland das Denken zu sehr in den Abschlüssen und in der Kategorie Berufsbildung einerseits und Hochschulbildung auf der anderen Seite verwurzelt sind. Deutsche Bildungssysteme blockieren sich somit.

Zum Verhältnis von beruflicher und hochschulischer Bildungskultur, hat Rita Meyer in dem Online Magazin für Arbeit – Bildung – Gesellschaft die These aufgestellt: „Da bewegt sich mehr als man denkt... und doch zu wenig." (Meyer 2016, S. 1). Rita Meyer stellt fest, dass sich viel im Bildungssystem bewegt und die Bereiche Berufsbildung und Hochschule aufeinander zugehen. Die quantitative Ausweitung dieser Möglichkeiten geht nach Ausführungen der Autorin jedoch nicht mit der notwendigen Qualitätssicherung einher. Dies führt die Autorin auf die unterschiedlichen Lernkulturen im Bereich der Berufsbildung und Hochschulbildung zurück. So fordert sie, dass mit der zunehmenden Durchlässigkeit der Bildungssysteme die zwei sehr unterschiedlichen Lernkulturen, zum einen die beruflich-betriebliche Lernkultur und andererseits die hochschulische Lernkultur intensiver miteinander verwoben werden müssen bzw. gegenseitig integriert werden sollten (vgl. ebd., S. 1 – 6). Festgestellt werden kann, dass sich in den letzten zehn Jahren, seit der Veranstaltung der Bundesvereinigung Deutscher Arbeitgeberverbände am 2. Mai 2006, viel im Bereich der Durchlässigkeit vollzogen hat. Durchgehend hat die Bildungslandschaft in diesen Jahren sich mit der Anrechnung der beruflich erworbenen Fähigkeiten auf die Hochschulbildung beschäftigt. Christof Müller stellt in seinem Buch „Anrechnung beruflich erworbener Kompetenzen auf Hochschulstudiengänge – Fluch oder Segen?" fest, dass zahlreiche Hochschulen in

Deutschland weiterhin starke Vorbehalte gegen Absolventen aus dem Bereich der beruflichen Bildung als potenzielle Studierende haben. Der Autor erwähnt in diesem Zusammenhang eine Evaluation der Fachhochschule Bielefeld über den Zusammenhang von Studienerfolg von beruflich qualifizierten Studierenden. Das Ergebnis bescheinigte dieser Gruppe einen überdurchschnittlichen Erfolg. In diesem Zusammenhang darf nicht vergessen werden, wie oben erwähnt, dass es eine zu geringe Nachfrage bzw. Bewerbung an Hochschulen dieser Personengruppe gibt. Dies könnte bedeuten, dass sich überwiegend sehr gut qualifizierte Quereinsteiger aus dem Bereich der beruflichen Bildung an Hochschulen bewerben (vgl. Müller/Burchert 2015, S. 32 – 35).

5.1.4 Förderung von Kindern und Jugendlichen mit Migrationshintergrund

Beim Betrachten der Situation von Kindern und Jugendlichen mit Migrationshintergrund, wird deutlich, dass Deutschland schon lange ein Zuwanderungsland ist, das sich zu wenig mit dieser Herausforderung beschäftigt hat. Schon im Jahr 1914 gab es „450.000 Polen und Masuren, (die) aus dem Osten in die deutschen Industriestädte" (Wehler 2013, S. 139) eingewandert waren. Zahlreiche ausländische Zwangsarbeiter blieben nach den beiden großen Kriegen in Deutschland und seit den späten 1950er Jahren begann die Einwanderung der so genannten Gastarbeiter. Ab ca. 1960 kletterte die türkische Migration sprunghaft in die Höhe (vgl. Wehler 2013, S. 139 – 143). Zuzüge gab es in der Folgezeit immer wieder in unterschiedlicher Stärke. Zu erwähnen ist noch der umfangreiche Aussiedlerzuzug, der mit rund 400.000 Personen mit der Öffnung des Eisernen Vorhangs im Jahre 1990 seinen Höhepunkt erreichte. Überwiegend kamen die Personen aus der Sowjetunion, Rumänien und Polen (vgl. Seifert 2012, S. 2). Im Jahre 1993 erfolgte der Zusammenschluss der Europäischen Länder. Nicht alle heute zur EU gehörigen Länder waren damals dabei (vgl. Europäische Union 2016). Die rechtliche Situation besagt, dass Bürger aus Staaten der Europäischen Union ohne Visum im Rahmen der Freizügigkeit nach Deutschland einreisen können. Voraussetzung dafür ist ein gültiger Reisepass oder Personalausweis. Familienangehörige dürfen nachreisen (Verein Für soziales Leben e.V. 2014). Dies basiert auf der Abschaffung der Freizügigkeitserklärung vom 29. Januar 2013 (Bundesministerium des Innern 2016). Weiterhin kamen schon immer Flüchtlinge nach Deutschland, um Asyl zu beantragen. Dies richtete sich oftmals nach Bürgerkriegszuständen in den verschiedenen Ländern, Verfolgung bestimmter Personengruppen (z.B. Homosexuelle), aber auch an Armutsproblemen aus. Aktuell haben die Flüchtlingsströme einen Höhepunkt erreicht. Alle aufgeführten Personengruppen müssen in das Bildungssystem von Schule und Beruf integriert werden. Dies stellt eine große Herausforderung dar (vgl. Harmsen 2015).

Die erste PISA-Studie aus dem Jahre 2000 zeigte ein sehr schlechtes Abschneiden der deutschen 15-Jährigen im Vergleich zu anderen OECD-Ländern. In diesem Zusammenhang wurde die schlechte Bildung der vielen Kinder aus Einwanderungsfamilien als entscheidender Grund genannt. Sachlich betrachtet ist es der Verdienst der PISA-Studien durch empirische Belege nachgewiesen zu haben, dass Kinder mit Migrationshintergrund einer besonderen Bildungsbenachteiligung unterliegen. In diesem Zusammenhang muss erwähnt werden, dass erst 1964 die allgemeine Schulpflicht für „Kinder von Ausländern" eingeführt wurde. Erst 1990 setzte ein erhöhtes Interesse in Deutschland ein, dem mangelnden Bildungserfolg von Einwanderungskindern zu begegnen. Die Autoren Anna Brake und Peter Büchner stellen als Grundlage nicht den Wunsch ein Gebot der Bildungsgerechtigkeit umzusetzen fest, sondern begründen dies besonders durch die demografische Entwicklung in Deutschland und den damit zusammenhängenden Mangel an zukünftigen qualifizierten Arbeitskräften (vgl. Brake/Büchner 2012, S. 165 – 166). So entstand der Bedarf, „Menschen mit Migrationshintergrund als eine Bildungsreserve zu mobilisieren, um den zukünftigen Bedarf an (akademisch) gebildeten Arbeitskräften sicherzustellen" (ebd., S. 166). Diese Diskussion erfährt in der aktuellen Situation der extremen weltweiten Flüchtlingsströme eine neue zusätzliche Dimension, da in der öffentlichen Diskussion besonders die akademisch gebildeten Flüchtlinge eine Vorrangposition erhalten (ZEIT ONLINE u.a. 2016; vgl. Aiyar et al. 2016, S. 11 – 13). Zu beachten ist in der aktuellen Situation, dass zahlreiche Flüchtlingskinder und Jugendliche, begleitet und unbegleitet, mit immigrieren (vgl. UNO-Flüchtlingshilfe 2016).

Die bisher in dieser Arbeit genannten Maßnahmen zur Förderung der Chancengleichheit sind in besonderer Weise auf Kinder und Jugendliche mit Migrationshintergrund anzuwenden. Folgende Handlungskonzepte für die Bildungs- und Stadtpolitik müssen zusätzlich erwähnt werden: 1. Die soziale Mischung an Schulen sollte gefördert werden und die Bildung von stigmatisierten und benachteiligten Schulen muss verhindert werden. 2. „Qualifizierung des schulischen Personals für Schüler mit Migrationshintergrund, Kooperationen mit entsprechenden außerschulischen Partnern (...), eine den Erfordernissen entsprechende Ressourcenausstattung, die früh einsetzende Förderung der Bildungssprache und die intensivierte Elternarbeit und -partizipation" (Baur 2013, S. 223) sind voranzutreiben. 3. Schulische Fehlzeiten sind in Kooperation mit Eltern, Jugendhilfe und den schulischen Akteuren zu reduzieren, da sie im gehäuften Maße bei Kindern und Jugendlichen mit Migrationshintergrund auftreten. 4. Stigmatisierte Schulen sollten geschlossen und neu gegründet werden. Dazu gehören Schulen mit extrem vielen Gewaltvorfällen, geringen Leistungsergebnissen, einer hohen Anzahl an Schulabbrechern, einer durchgehend benachteiligten Schülerschaft. Bei einer Neugründung dürfen nicht die benachteiligten Schüler im Vordergrund stehen, sondern ein attraktives, leistungsstarkes, schulisches und außerschulisches Angebot, kombiniert mit einem Ganztagsbetrieb für Kinder aus allen Schichten. 5. Eine Vernetzung mit vielen Bildungsträgern des Einzugsbereiches (z.B. der gesamten Stadt) sollte erfolgen, um den Aktionsradius für die Sprachförderung auszuweiten. 6. Schüler mit Migrationshintergrund haben häufig eine extrem starke Familienbindung, besonders Mädchen haben häufig eine gewollte oder ungewollte Bindung zum Elternhaus. Deshalb sollte besonders die Bildungsarbeit mit Eltern, die Elternpartizipation und die gesellschaftliche Teilhabe der Elternhäuser gestärkt werden, um vielfältige Entwicklungsmöglichkeiten, z.B. durch stärkende Freizeitgruppen, Helferlotsen und Praktika, zu geben. So kann eine bessere Ablösung von strengen Regeln der Elternhäuser und der Herkunftsfamilie gelingen. 7. Kultur und Religion sollten in die Bildungsförderung integriert werden. Dazu gehört die Einbeziehung von Migrantenorganisationen. 8. Durch gute Kooperation mit der Wirtschaft und den Gewerbevereinen, sollte frühzeitig Stigmatisierungen, die durch Wohnort oder ethnische Herkunft bedingt sind, entgegengewirkt werden, um die Berufsorientierung (z.B. Praktikumssuche) und die Eingliederung in die Berufsausbildung positiv zu gestalten. 9. Oftmals ist eine soziale Spaltung in Städten vorzufinden. Hier sollten die Lebensbedingungen in den Blick genommen werden und Bildungsverbünde sollten versuchen, langfristig eine Änderung herbeizuführen. Diese Faktoren sind eine wesentliche Grundlage für die Förderung der Chancengleichheit von Kindern und Jugendlichen mit Migrationshintergrund, die insgesamt von der internationalen Forschung gefordert werden, jedoch bisher in die Bildungs- und Schulplanung kaum Eingang finden (vgl. ebd. 213 – 224). Es muss verstärkt erkannt werden, dass „der Aufstiegswille von Einwanderern und ihren Kindern ein normaler Reichtum für unsere Gesellschaft ist." Wie oben aufgezeigt, weiß man in Deutschland, mit diesen sozialen Energien zu wenig anzufangen. Das Fehlen einer Kultur der Anerkennung baut

5.2 Zusammenfassung

Förderung der Bildungsgerechtigkeit, Probleme der Heterogenität, Durchlässigkeit der Bildungssysteme und die Förderung von Kindern und Jugendlichen mit Migrationshintergrund, weisen nach oben aufgeführten Erkenntnissen, starke Herausforderungen an die Politik auf. Die Vertreter der Wirtschaft haben schon längst die Notwendigkeit der Steigerung von Chancengleichheit für alle Kinder eingefordert, erleben jedoch, dass diese Forderungen nicht ausreichend von der Politik umgesetzt werden. Hermann Giesecke führt an, dass alles, was in der Schule geschieht, nicht nur dort, sondern auch auf politischer Ebene entschieden wird. Deshalb stellt er die Forderung, dass einige Schlussfolgerungen zu einer mittelfristigen Strategie zusammengefasst werden müssen, die in die Bildungspolitik einfließen muss. Hier sind unter anderem als Strategiefelder die Selektion der Schule zu nennen, weiterhin muss eine Flexibilisierung des Lerntempos des einzelnen Schülers betrachtet werden, eine bestmögliche individuelle Förderung der Schüler muss ausgebaut werden, hier ist Inklusion ein wichtiges Thema. Die Feminisierung der Lehrberufe muss betrachtet werden. Die Strukturen der Schuladministration, muss im Hinblick ihrer Effektivität einer Revision unterzogen werden. Ebenfalls sollte überprüft werden, ob die einzelne Schule ein höheres Maß an Autonomie, bezüglich ihres Stunden- und Stoffplans, ihres Haushaltes oder der Schulpolitik erhalten sollte (vgl. Giesecke 1997, S. 292 – 300). Bildungsgerechtigkeit ist eine eindeutige Herausforderung an die Politik und muss in der bildungspolitischen Agenda, zusammen mit der Erhöhung des Leistungsniveaus, eine höhere Priorität einnehmen. Das Ziel muss hierbei sein, allen Kindern und Jugendlichen, unabhängig von ihrem Geschlecht, ihrer sozialen Herkunft, ihrem Migrationshintergrund, ihrer Familiensituation, ihrem finanziellen Status oder anderen Merkmalen, die gleiche Chance der Teilhabe am gesellschaftlichen Leben zu geben. Politik muss in diesem Zusammenhang deutlich machen, dass Kosten und Einschränkungen, die mit der Bildungsgerechtigkeit zusammenhängen, mittel- und langfristig von herausragender Bedeutung für die Gesellschaft sind. Auf dieser Basis muss Zukunftsorientierung zur Förderung benachteiligter Kinder und Jugendlicher als politische Herausforderung in alle gesellschaftlichen Schichten und Bereiche transportiert werden (vgl. Blossfeld et al. 2007, S. 145 – 156).

6 Fazit

In der Einleitung der schriftlichen Hausarbeit wurde darauf hingewiesen, dass soziale Herkunft noch immer den Bildungserfolg bestimmt. So wurden Aspekte beleuchtet, die wesentlich für eine Änderung im deutschen Bildungssystem sind. Deutlich wurde bei diesen Ausführungen, dass ein Umdenken in vielen Bereichen notwendig ist. Gerade wegen des demografischen Wandels, gewinnt die Forderung nach Chancengleichheit für alle Kinder und Jugendliche eine immer größere Bedeutung, die besonders von den verschiedensten Zweigen der Wirtschaft bei der Politik eingefordert wird. Daher bestand die Zielsetzung der vorliegenden schriftlichen Hausarbeit darin, einen theoretischen Überblick zu geben, der zusammengefasst einen entscheidenden Einfluss auf den Erfolg der Veränderung zur Chancengleichheit hat.

Die sozialwissenschaftliche Betrachtung von Bildung und Bildungserfolg, bildete dabei eine wesentliche Grundlage für die Erarbeitung der weiteren Thematik. Ausgehend von der Situation der benachteiligten Herkunftsfamilien, über die geringeren Chancen von Kindern im Elementarbereich, wurde versucht zu verdeutlichen, wie stark die sozialwissenschaftlichen Gegebenheiten, die Bildungschancen von Kindern und Jugendlichen beeinflussen. An Hand von Standortbestimmungen von Kindern aus sozial benachteiligten Familien, von Kindern aus Arbeiterfamilien und Familien mit Migrationshintergrund und von Kindern aus bildungsorientieren Familien wurde deutlich, wie nachhaltig sich die Lebensrealitäten durch den Einfluss der jeweiligen Herkunftssituationen unterscheiden. Dabei konnte festgestellt werden, dass die vorgefundene Literatur emotional sehr unterschiedlich über die jeweiligen Lebensrealitäten berichtete. Er erwies sich teilweise schwierig, in diesen Bereichen streng wissenschaftliche Literatur heranzuziehen, da diese teilweise mehrere Jahre alt war und emotionsbestimmte Autoren gerade in den letzten drei Jahren häufig zu dieser Thematik Stellung genommen haben. Bei der Erarbeitung der Thematik konnte festgestellt werden, dass dies sicherlich auch auf die Forderungen von nichtpolitischen Bereichen, wie Kirchen, Sozialinitiativen, Migrationsorganisationen und Vertretern der Wirtschaft zurückzuführen ist, da diese das große Potenzial erkannt haben, dass durch die mangelnde Förderung von Kindern und Jugendlichen mit schlechteren Ausgangsbedingungen volkswirtschaftlich entsteht. Bei Sichtung der Literatur, tauchte immer wieder die Fragestellung auf, ob ein Großteil der Politiker bewusst oder unbewusst an dem derzeitigen System festhalten möchte, da eine eigene Zugehörigkeit zur aktuellen Bildungselite bei vielen Politikern gegeben ist. Eine große Rolle spielte bei der vorliegenden Hausarbeit die Betrachtung von Lehrerverhalten und Lehrerkompetenzen. Immer wieder wurde deutlich, wie sehr der Lehrer als direkte Bezugsperson des Schülers einen entscheidenden Einfluss auf die Bildungslaufbahn des einzelnen Kindes hat, besonders wenn keine ausreichende außerschulische Unterstützung vorhanden ist. Als Vergleichsland wurde in der Hausarbeit besonders Finnland betrachtet, dabei wurde das Buch des Journalisten Marco Maurer zu einem wesentlichen Teil beleuchtet, dass durch sein Erscheinen im Jahr 2015 sehr viele aktuelle Aspekte aufzeigt, die darauf hinweisen, dass Chancengleichheit der Bildung für Kinder und Jugendliche immer noch nicht erreicht ist, obwohl viele Politiker dies nicht so deutlich benennen. Viele der von Maurer aufgeführten Rechercheergebnisse, werden in älterer, in dieser Arbeit angewandten wissenschaftlichen Literatur ebenfalls erwähnt. Es erschien jedoch wichtig, durch die Ausführungen von Maurer zu zeigen, dass viele hinderliche Gegebenheiten in der Bildungsgerechtigkeit sich immer noch nicht verändert haben. Bei der Beleuchtung der Zukunftsorientierung zur Förderung benachteiligter Kinder, konnte in der vorliegenden Arbeit festgestellt werden, dass Sozial-, Familien-, Arbeits- und Bildungspolitik unumstößlich zusammenarbeiten müssen, damit die Umsetzung der Bildungsgerechtigkeit für alle Kinder und Jugendlichen in Deutschland gelingt. Nach umfangreichen Literaturstudium wurde bei der Recherche zu dieser Hausarbeit immer wieder deutlich, dass besonders die auf die einzelnen Bundesländer aufgeteilte Bildungshoheit ein zielgerichtetes Bearbeiten der Probleme zur Herstellung der Bildungsgerechtigkeit verhindert. Schon die Förderung von Familien nach der Entbindung wird unterschiedlich unterstützt, dies setzt sich im Kindertagesstättenbereich fort und gerade bei der Organisation von Schul-, Hochschul- und Berufsbildung, gibt es in den einzelnen Bundesländern gravierende Unterschiede. Schon der deutsche Philosoph, Theologe und Pädagoge Georg Picht prognostizierte, dass die Bildungskatastrophe in Deutschland vorprogrammiert ist, da der Staat in seinem Handeln zu sehr eingeschränkt wird. Im Rahmen dieser Abschlussgedanken muss, angelehnt an die Gedanken von Georg Picht, hingewiesen werden, dass die bildungspolitische Planung problematisch ist, wenn sie ausschließlich Sache der einzelnen Länder ist. In einer offenen und globalisierten Gesellschaft decken Schulen und Hochschulen nicht nur den Bedarf der einzelnen Länder, sondern müssen den Gesamtinteressen von Deutschland dienen, dass durch seine Wirtschaftsvertreter bestimmte Bedarfe aufzeigt, die letztlich dem Einzelnen dienen, wenn der Einzelne ausreichend gefördert wird. Als Reaktion auf die Kritik von Georg Picht, wurde ein kooperierender Bildungsföderalismus initiiert, der über Jahrzehnte unterschiedlich gut oder weniger gut funktionierte. Im Jahr 2008 rief Bundeskanzlerin Angela Merkel die Bildungsrepublik aus. Die Bildungsrepublik wurde durch die Einführung der Föderalismusreform im Jahr 2011 beendet. Die zuvor festgelegten Ziele der Bildungsrepublik verloren ihre Gültigkeit. Die Föderalismusreform hat das Bildungsland Deutschland bedeutend geschwächt und bildungspolitisch gesehen hat sich Deutschland zurückentwickelt. Diese Reform hat unter anderem verursacht, dass die einzelnen Länder vom Staat finanziell nicht mehr unterstützt werden konnten. Steht den Bundesländern kein Geld oder wenig Geld zur Verfügung, können zum Beispiel Schulgebäude nicht renoviert oder neugebaut werden oder Unterricht fällt aus, da nicht genügend Lehrer finanziert werden können. Durch dieses Dilemma wird erreicht, dass soziale Herkunft aktuell noch immer sehr stark den Bildungserfolg im 21. Jahrhundert bestimmt. Zwar wurde das Kooperationsverbot im Grundgesetz Ende 2014 gelockert, jedoch bezieht sich diese politische Handlung ausschließlich auf den Hochschulbereich. Ob und wann eine Aufhebung oder eine weitere Lockerung des Kooperationsverbotes angestrebt ist, so dass Bund und Länder in der Schulbildung zusammenwirken, lässt sich momentan nicht sagen. Was gesagt werden kann ist, dass das die problematische Situation um das Kooperationsverbot immer wieder debattiert wird. In diesem Zusammenhang wird häufig der Begriff Bildungsprekariat verwendet. Die gerade geschilderten Aussagen, lassen sich durch die Ergebnisse der schriftlichen Hausarbeit belegen. Noch immer gibt es eine große Gruppe von Menschen, die durch ihre Einkommenssituation stark belastet werden und somit unter schwierigen Lebenssituationen ihren Lebensalltag bewältigen müssen. Durchgehend entstand bei der Verschriftlichung der vorliegenden Arbeit unter allen betrachteten Hauptaspekten die Frage nach einem zentralstaatlichen Masterplan für den Bildungsbereich oder es tauchte die Forderung nach der Etablierung eines nationalen Bildungsrates auf. In diesem Zusammenhang ist mir deutlich geworden, was die beiden Autoren Bernd Siggelkow und Wolfgang Büscher mit dem Begriff „vorsorgender Sozialstaat" aussagen möchten: Im deutschen Bildungswesen muss prophylaktisch gehandelt werden, um sozialem Abstieg und Armut entgegenzuwirken. Nach den Ausführungen zur Erläuterungen des vorsorgenden Sozialstaates, muss in Zukunft mehr darüber geredet werden, was der Staat im bildungspolitischen Bereich leisten soll. Immer wieder wurde bei der Recherche deutlich, dass zur Bildungsgerechtigkeit Lebenssituationen geschaffen werden müssen, die Menschen nicht einfach zu Hartz-IV-Bürgern abstempeln. Der vorsorgende Sozialstaat muss für alle aktive Zukunftschancen schaffen und dies muss zur Verbesserung der gesamtgesellschaftlichen Situation unbedingt bei Kindern und Jugendlichen ansetzen, die ihre Bildungschancen ohne Unterstützung nicht wahrnehmen können. Die Untersuchungsergebnisse dieser Arbeit belegen eindeutig, dass es eine überaus wichtige Zukunftsaufgabe für Deutschland ist, die Menschen dazu zu befähigen, ihre Leben selbst in die Hand zu nehmen. Dabei wurde deutlich, dass es bei Förderung der Bildungschancen für alle nicht nur um soziale Gerechtigkeit geht. Laut der neuesten PISA-Vergleichsstudie, die auch Grundlage für diese Arbeit bildete, versteht jeder Fünfte in Deutschland einfache Mathematik nicht und mehr als jeder Siebte kann nicht ausreichend lesen. Wer als Jugendlicher nicht ausreichend Lesen, Schreiben und Rechnen kann, hat in der Zukunft auf dem Arbeitsmarkt keine Chance. Problematisch ist, dass Schulversager politisch abgehängt werden. Somit konnten bei der vorliegenden Hausarbeit zahlreiche Ergebnisse aufgeführt werden, die eine Grundlage zur Forderung nach Chancengleichheit im 21. Jahrhundert bilden. Da der Umfang der vorliegenden Arbeit vorgegeben war, erschien es bedeutsam, sich auf Kernaspekte zu beschränken. Trotz der sicherlich sinnvollen Aspekte dieser Beschränkung, muss erwähnt werden, dass bei der Recherche und Literatursichtung viele Fragen auftauchten, die sicherlich für eine umfassende Betrachtung dieses komplexen Themas grundsätzlich nicht unerwähnt gelassen werden sollten. Bei der Themenauswahl erfolgte daher die Reduzierung unter den Aspekten, die entscheidend für zukunftsweisende Handlungsstrategien zur Verbesserung der Bildungssituation im 21. Jahrhundert beitragen können. Den Kindern und Jugendlichen muss eine sichere Zukunft gegeben werden. Sie müssen verstanden werden und vor einer Chancen- und Perspektivlosigkeit bewahrt werden. Denn ein Leben ohne Chancen und Perspektiven könnte zu einem Leben führen, das von Gewalttätigkeit, Intoleranz und Antipathie geprägt ist. Unser aller Pflicht ist es, so zu handeln, dass in einem Menschen Ausgrenzung und gesellschaftliche Verachtung erst gar nicht entstehen. Wir müssen es zulassen, dass den Menschen neue Möglichkeiten eröffnet werden, ein chancen- und perspektivvolles Leben zu führen.

Literatur

Academic dictionaries and encyclopedias: Durchlässigkeit (Schulwesen). URL: http://universal_lexikon.deacademic.com/18046/Durchl%C3%A4igkeit; Zugriffsdatum: 16.06.2017.

Aiyar, S./Barkbu, B./Batini, N./Berger, H./Detragiache, E./Dizioli, A./Ebeke, C./Lin, H./Kaltani, L./Sosa, S./Spilimbergo, A./Topalova, P. (2016): The Refugee Surge in Europe: Economic Challenges. Washington D.C.

Allmendinger, J./Giesecke, J./Oberschachtsiek, D. (2011): Unzureichende Bildung: Unzureichende Bildung: Folgekosten für die öffentlichen Haushalte. Eine Studie des Wissenschaftszentrum Berlin für Sozialforschung im Auftrag der Bertelsmann Stiftung. Gütersloh.

Autorengruppe Bildungsberichterstattung (2014): Bildung in Deutschland 2014. Ein indikatorengestützter Bericht mit einer Analyse zur Bildung von Menschen mit Behinderungen. Bielefeld: W. Bertelsmann Verlag.

Baur, C. (2013): Schule, Stadtteil, Bildungschancen. Wie ethnische und soziale Segregation Schüler/-innen mit Migrationshintergrund benachteiligt. Bielefeld: Transcript.

Bayerischer Rundfunk (2013): Benachteiligte Kinder. Arme Kinder, schlechte Chancen. URL: http://www.br.de/themen/ratgeber/inhalt/familie/kinderrechte-kinderarmut-sozialhilfe100.html; Zugriffsdatum: 16.06.2017.

Becker, R. (Hrsg.) (42010): Bildung als Privileg. Erklärungen und Befunde zu den Ursachen der Bildungsungleichheit. Wiesbaden: Verlag für Sozialwissenschaften.

Beckers, T./Birkelbach, K./Hagenah, J./Rosar, U. (2010): Komparative empirische Sozialforschung. Wiesbaden: VS Verlag für Sozialwissenschaften/GWV Fachverlage GmbH Wiesbaden.

Bertelsmann Stiftung/CHE Centrum für Hochschulentwicklung gGmbH/Deutsche Telekom Stiftung/Stifterverband für die Deutsche Wissenschaft (2015): Form follows function?! - Strukturen für eine professionelle Lehrerbildung. Gütersloh.

Blossfeld, H.-P./Bos, W./Lenzen, D./Müller-Böling, D./Oelkers, J./Prenzel, M./Wößmann, L. (2007): Bildungsgerechtigkeit. Jahresgutachten 2007. Wiesbaden: VS Verlag für Sozialwissenschaften/GWV Fachverlage GmbH Wiesbaden.

Bos, W./Hornberg, S./Arnold, K.-H./Faust, G./Fried, L./Lankes, E.-M./Schwippert, K./Valtin, R. (2007): IGLU 2006. Lesekompetenzen von Grundschulkindern in Deutschland im internationalen Vergleich. Münster, München [u.a.]: Waxmann.

Brake, A./Büchner, P. (2012): Bildung und soziale Ungleichheit. Eine Einführung. Stuttgart: Kohlhammer.

Bude, H. (2013): Bildungspanik. Was unsere Gesellschaft spaltet. München: Deutscher Taschenbuch-Verlag.

Bundesamt für Migration und Flüchtlinge (2016): Aktuelle Zahlen zu Asyl. URL: https://www.bamf.de/SharedDocs/Anlagen/EN/Downloads/Infothek/St atistik/statistik-anlage-teil-4-aktuelle-zahlen-zu-asyl.pdf?_blob=publicationFile; Zugriffsdatum: 04.07.2017.

Bundesministerium des Innern (2016): Freizügigkeit/EU-Bürger. URL: http://www.bmi.bund.de/DE/Themen/Migration-Integration/Aufenthaltsrecht/Freizuegigkeit_EU-Buerger/freizuegigkeit_eu-buerger_node.html; Zugriffsdatum: 04.07.2017

Bundesministerium für Bildung und Forschung (2014): Stellungnahme der Bundesregierung zum Bericht "Bildung in Deutschland 2014". URL: https://www.bmbf.de/files/Stellungn_BR_Bildungsbericht_2014_final(1). pdf; Zugriffsdatum: 20.06.2017.

Bundesministerium für Bildung und Forschung (2015): Vom Hörsaal ins Klassenzimmer. Eine Qualitätsoffensive bringt die Lehrerausbildung voran. Berlin.

Bundesvereinigung der Deutschen Arbeitgeberverbände/Tagung (12006): Durchlässigkeit schafft Zukunft - auf dem Weg zu einem Nationalen Qualifikationsrahmen. Tagung 2. Mai 2006 Haus der Wirtschaft Berlin. Berlin: Bundesvereinigung der Deutschen Arbeitgeberverbände.

Deutscher Caritasverband (2007): Chancengleichheit durch Bildungsgerechtigkeit. Gleiche Bildungschancen für benachteiligte Kinder und Jugendliche. Diskussionspapier. URL: http://www.bagkjs.de/media/raw/Chancengleichheit_durch_Bildungsgerechtigkeit1.pdf; Zugriffsdatum: 15.07.2017.

Ellinger, S. (2013): Prekäre Lagen - Armut, Kinder, Pädagogik. In: Grundschule aktuell, H. 123, S. 3–5.

Europäische Union (2016): Die Geschichte der Europäischen Union. URL: http://europa.eu/about-eu/eu-history/index_de.htm#goto_6; Zugriffsdatum: 05.07.2017.

Felten, M. (22011): Auf die Lehrer kommt es an! Für eine Rückkehr der Pädagogik in die Schule. Gütersloh: Gütersloher Verlags-Haus.

Fuhrmann, J.C./Beckmann-Dierkes, N. (2011): Finnlands PISA-Erfolge: Mythos und Übertragbarkeit. In: KAS Auslandsinformationen, H. 7, S. 6–22.

Giesecke, H. (1997): Wozu ist die Schule da? Die neue Rolle von Lehrern und Eltern. Stuttgart: Klett-Cotta.

Gröhlich, C./Scharenberg, K./Bos, W. (2009): Wirkt sich Leistungsheterogenität in Schulklassen auf den individuellen Lernerfolg in der Sekundarstufe aus? In: Journal for educational research online 1, H. 1, S. 86–105.

Harmsen, T. (2015): Flüchtlingsströme in der Geschichte. Menschen waren schon immer auf der Flucht. URL: http://www.berliner-zeitung.de/wissen/fluechtlingsstroeme-in-der-geschichte-menschen-waren-schon-immer-auf-der-flucht--22538872; Zugriffsdatum: 05.7.2017.

Heid, H. (1988): Zur Paradoxie der bildungspolitischen Forderung nach Chancengleichheit. In: Zeitschrift für Pädagogik, H. 34, S. 1–17.

Henkel, M./Steidle, H./Braukmann, J. (2014): Familien mit Migrationshintergrund: Analysen zur Lebenssituation, Erwerbsbeteiligung und Vereinbarkeit von Familie und Beruf. Auf Basis von Vorarbeiten von: Ilka Sommer. URL: http://www.bmfsfj.de/RedaktionBMFSFJ/Broschuerenstelle/Pdf-Anlagen/Familien-mit-Migrationshinter-grund,property=pdf,bereich=bmfsfj,sprache=de,rwb=true.pdf; Zugriffsdatum: 10.07.2017.

Hesse, I./Latzko, B. (22011): Diagnostik für Lehrkräfte. Stuttgart: UTB GmbH.

Kerstan, T. (2008): Das finnische Erfolgsgeheimnis. URL:
http://www.zeit.de/2008/13/C-Interview-Finnland; Zugriffsdatum:
07.07.2017.

Kiel, E. (Hrsg.) (22012): Unterricht sehen, analysieren, gestalten. Stuttgart, Bad
Heilbrunn: UTB; Klinkhardt.

Kiper, H./Miller, S./Palentien, C./Rohlfs, C. (12008): Lernarrangements für heterogene Gruppen. Lernprozesse professionell gestalten. Bad Heilbrunn:
Verlag Julius Klinkhardt.

Klieme, E./Artelt, C./Hartig, J./Jude, N./Köller, O./Prenzel, M./Schneider,
W./Stanat, P. (Hrsg.) (2010): PISA 2009. Bilanz nach einem Jahrzehnt.
Münster, New York, NY, München, Berlin: Waxmann.

Lin-Klitzing, S./Di Fuccia, D./Stengl-Jörns, R. (Hrsg.) (2015): Auf die Lehrperson kommt es an? Beiträge zur Lehrerbildung nach John Hatties "Visible
Learning". Bad Heilbrunn: Verlag Julius Klinkhardt.

Matthies, A.-L./Skiera, E./Sorvakko-Spratte, M. (Hrsg.) (12009): Das Bildungswesen in Finnland. Geschichte, Struktur, Institutionen und pädagogisch-
didaktische Konzeptionen, bildungs- und sozialpolitische Perspektiven.
Bad Heilbrunn: Verlag Julius Klinkhardt.

Maurer, M. (2015): Du bleibst was du bist. München: Droemer.

Meyer, R. (2016): Da bewegt sich mehr als man denkt ... und doch noch zu wenig: Zum Verhältnis von beruflicher und hochschulischer Lernkultur. In:
Online-Magazin für Arbeit - Bildung - Gesellschaft, H. 1, S. 1–6.

Middendorff, E./Apolinarski, B./Poskowsky, J./Kandulla, M./Netz, N. (2013):
Die wirtschaftliche und soziale Lage der Studierenden in Deutschland
2012. 20. Sozialerhebung des Deutschen Studentenwerks. Durchgeführt
durch das HIS-Institut für Hochschulforschung. Hannover.

Ministerium für Inneres und Kommunales des Landes Nordrhein-Westfalen
(2010): Verordnung über den Hochschulzugang für in der beruflichen Bildung Qualifizierte (Berufsbildungshochschulzugangsverordnung). URL:
https://recht.nrw.de/lmi/owa/br_vbl_detail_text?anw_nr=6&vd_id=1204
8&ver=8&val=12048&menu=1&vd_back=N; Zugriffsdatum: 07.07.2017

Möller, C. (2015): Herkunft zählt (fast) immer. Soziale Ungleichheiten unter Universitätsprofessorinnen und -professoren. Weinheim, Basel: Beltz Juventa.

Müller, C./Burchert, H. (2015): Anrechnung beruflich erworbener Kompetenzen auf Hochschulstudiengänge - Fluch oder Segen? In: Die neue Hochschule, H. 56, S. 32–35.

OECD (2004): Kindergarten PISA 2004 Länderbericht für Deutschland. Die Politik der frühkindlichen Betreuung, Bildung und Erziehung in der Bundesrepublik Deutschland. Ein Länderbericht der Organisation für wirtschaftliche Zusammenarbeit und Entwicklung (OECD). URL: http://www.bmfsfj.de/RedaktionBMFSFJ/Pressestelle/Pdf-Anlagen/oecd-studie-kinderbetreuung,property=pdf.pdf; Zugriffsdatum: 08.07.2017.

OECD (2008): Growing unequal? Income distribution and poverty in OECD countries. Paris: OECD, Organisation for Economic Co-operation and Development.

OECD (12014): PISA 2012 Ergebnisse: Exzellenz durch Chancengerechtigkeit. Allen Schülerinnen und Schülern die Voraussetzungen zum Erfolg sichern. Bielefeld: W. Bertelsmann Verlag.

Oelkers, J. (12009): "I wanted to be a good teacher...": zur Ausbildung von Lehrkräften in Deutschland; Studie. Berlin: Friedrich-Ebert-Stiftung.

Quenzel, G./Hurrelmann, K. (Hrsg.) (12010): Bildungsverlierer. Neue Ungleichheiten. Wiesbaden: VS Verlag für Sozialwissenschaften.

Röhner, C./Henrichwark, C./Hopf, M. (Hrsg.) (12009): Europäisierung der Bildung: Konsequenzen und Herausforderungen für die Grundschulpädagogik. Wiesbaden: Verlag für Sozialwissenschaften.

Schlüter, A./Strohschneider, P. (22009): Bildung? Bildung! 26 Thesen zur Bildung als Herausforderung im 21. Jahrhundert. Berlin: Berlin-Verlag.

Schützenmeister, J. (2002): Professionalisierung und Polyvalenz in der Lehrerausbildung. Univ., Diss.--Leipzig, 2002. Marburg: Tectum-Verlag.

Seifert, W. (2012): Deutsche Verhältnisse. Eine Sozialkunde. Geschichte der Zuwanderung nach Deutschland nach 1950. URL: http://www.bpb.de/politik/grundfragen/deutsche-verhaeltnisse-eine-sozialkunde/138012/geschichte-der-zuwanderung-nach-deutschland-nach-1950; Zugriffsdatum: 06.07.2017.

Shell Deutschland, S. (Hrsg.) (12015): Jugend 2015. 17. Shell Jugendstudie. Frankfurt am Main: FISCHER Taschenbuch.

Siggelkow, B./Büscher, W. (12012): Deutschlands verlorene Kinder. Warum unser Bildungssystem Verlierer produziert. Reinbek bei Hamburg: Rowohlt.

Solga, H./Dombrowski, R. (2009): Soziale Ungleichheiten in schulischer und außerschulischer Bildung. Stand der Forschung und Forschungsbedarf. Düsseldorf.

Streber, D./Haag, L./Keller-Schneider, M./Kiel, E. (Hrsg.) (12015): Grundwissen Lehrerbildung: Umgang mit Heterogenität. Praxisorientierung, Fallbeispiele, Reflexionsaufgaben; [alle Schulformen]. Berlin: Cornelsen.

Strehmel, P. (2008): Wovon hängt "gute Bildung" tatsächlich ab? Internationale Studien bestätigen Bekanntes und fordern Neues. In: kindergarten heute, H. 1, S. 8–13.

Sturm, T. (2013): Lehrbuch Heterogenität in der Schule. München: Reinhardt.

Tresselt, P. (2016): Inklusion. Was sind eigentlich Schwerpunkte der sonderpädagogischen Förderung? URL: http://www.tresselt.de/inklusion.htm; Zugriffsdatum: 14.07.2017.

UNICEF (2012): Ergebnisse der UNICEF-Vergleichsstudie 2012. Kinderarmut in reichen Ländern. Mittelplatz für Deutschland. Eine Zusammenfassung. URL: https://www.unicef.de/informieren/infothek/-/ergebnisse-der-unicef-vergleichsstudie-2012--kinderarmut-in-reichen-laendern--mittelplatz-fuer-deutschland/17388; Zugriffsdatum: 17.07.2017.

UNO-Flüchtlingshilfe (2016): Kinder auf der Flucht. Flüchtlingskinder. URL: https://www.uno-fluechtlingshil-fe.de/fluechtlinge/fluechtlingsschutz/fluechtlingskinder.html; Zugriffsdatum: 15.07.2017.

Urbatsch, K. (2011): Ausgebremst: Warum das Recht auf Bildung nicht für alle gilt. München: Heyne Verlag.

Vasama, S. (2003): Im Mittelpunkt der Gesellschaft. URL: http://www.helsinki.fi/uh/4-2003/juttu11.shtml; Zugriffsdatum: 14.7.2017.

Verein Für soziales Leben e.V. (2014): Aufenthaltserlaubnis für EU-Ausländer? URL: http://www.working-jobs-germany.de/deutschland/aufenthaltserlaubnis.html; Zugriffsdatum: 15.07.2017.

Vereinte Nationen (1948): Allgemeine Erklärung der Menschenrechte. Resolution der Generalversammlung. URL: http://www.un.org/depts/german/menschenrechte/aemr.pdf; Zugriffsdatum: 19.07.2017.

Wehler, H.-U. (2013): Die neue Umverteilung. Soziale Ungleichheit in Deutschland (1980 bis heute). München: C.H. Beck.

Wernicke, J. (2006): Schule in Finnland. Probleme und Herausforderungen eines im internationalen Vergleich erfolgreichen öffentlich verantworteten Bildungssystems. URL: http://www.rosaluxemburgstiftung.de/fileadmin/rls_uploads/pdfs/Projekte/2006/Rostock_Schule/Wernicke_Finnland.pdf; Zugriffsdatum: 18.07.2017.

ZEIT ONLINE/dpa/fin (2015): Jedes fünfte Kind ist armutsgefährdet. URL: http://www.zeit.de/gesellschaft/familie/2015-05/bertelsmann-studie-kinderarmut; Zugriffsdatum: 10.07.2017

ZEIT ONLINE/dpa/Reuters/kg (2016): Flüchtlinge bringen mehr Wirtschaftswachstum. In: DIE ZEIT 2016.

Zimmermann, D. (2013): Wir brauchen eine soziale Hochschulpolitik. In: Studieren heute (Infobroschüre). URL: http://www.studentenwerke.de/sites/default/files/04_20-SE-Infobroschuere.pdf; Zugriffsdatum: 10.07.2017.

Zips, M. (2012): Von wegen Schall und Rauch. URL: http://www.sueddeutsche.de/leben/2.220/studie-kindernamen-und-vorurteile-von-wegen-schall-und-rauch-1.44178; Zugriffsdatum: 18.07.2017.